青春文庫

日本史は「線」でつなぐと面白い！

童門冬二

青春出版社

はじめに

長年歴史とつきあっていると、いろいろなことがわかってくる。

それはすぐれた歴史上の人物や事件は〝円型〟である、ということが一つ。たとえば織田信長や坂本龍馬を例にとってても、若いときにかれらを見た評価と現在のわたしが見る評価とは、百八〇度くらいの差がある。若いときに見た信長は新しい日本を築くために、古い社会を破壊したカッコいいヒーローだった。坂本龍馬も第二の戦国時代といっていい幕末を、口笛を吹きながら難問をコナしていくカッコいい自由人だった。

が、いまは違う。信長の時代でも（というよりいつの時代でも）、日本人は三つの人格を持っている。地方人・日本国民・国際人の三人格だ。国民はその人格によるニーズ（政治的需要）を求める。この対応に地方では大名が、国レベルでは幕府が、というように役割分担がある。

信長の時代には国民に対応すべき足利幕府が衰退し、はっきりいえば〝国政担当機関〟がなかった。信長はこれを再興しようとした。それも幕府の復活ではなく〝天下人〟という立場で、国民に応えようとした。信長を突き動かしたのは戦国の民衆だ。

坂本龍馬はパワハラで成り立っている中央政府を再構築して、国民の意見が注入される民主的な政府（共和政府）をつくろうとした。明治政府は必ずしも龍馬の夢をみたすものではない。

信長や龍馬の行動には動機がある。かれらにモチベーションを与えたのは〝草の群れ〟だ。民衆だ。

ではその民衆は何を求めてそんなことをしたのか。括っていえば「主権」である。人間が人間らしく生きられる状況・条件を手にすることができる権利だ。

この主権の所在とその奪取、奪い返し、死守などの観点で諸事件や人物を見直すと、事件（点）がつぎつぎと一本の「線」でつながってくる。線は当然〝面〟に発展するのだが、それは読者それぞれがこの本を起点として広げてくださるとうれしい。

いま主権は日本人の誰もが持っている。主権者の一人として古い時代からの変遷を、楽しみながらたどっていただければ幸いだ。

目次

カバーイラスト／シゲリ カツヒコ
本文ＤＴＰ／エヌケイクルー

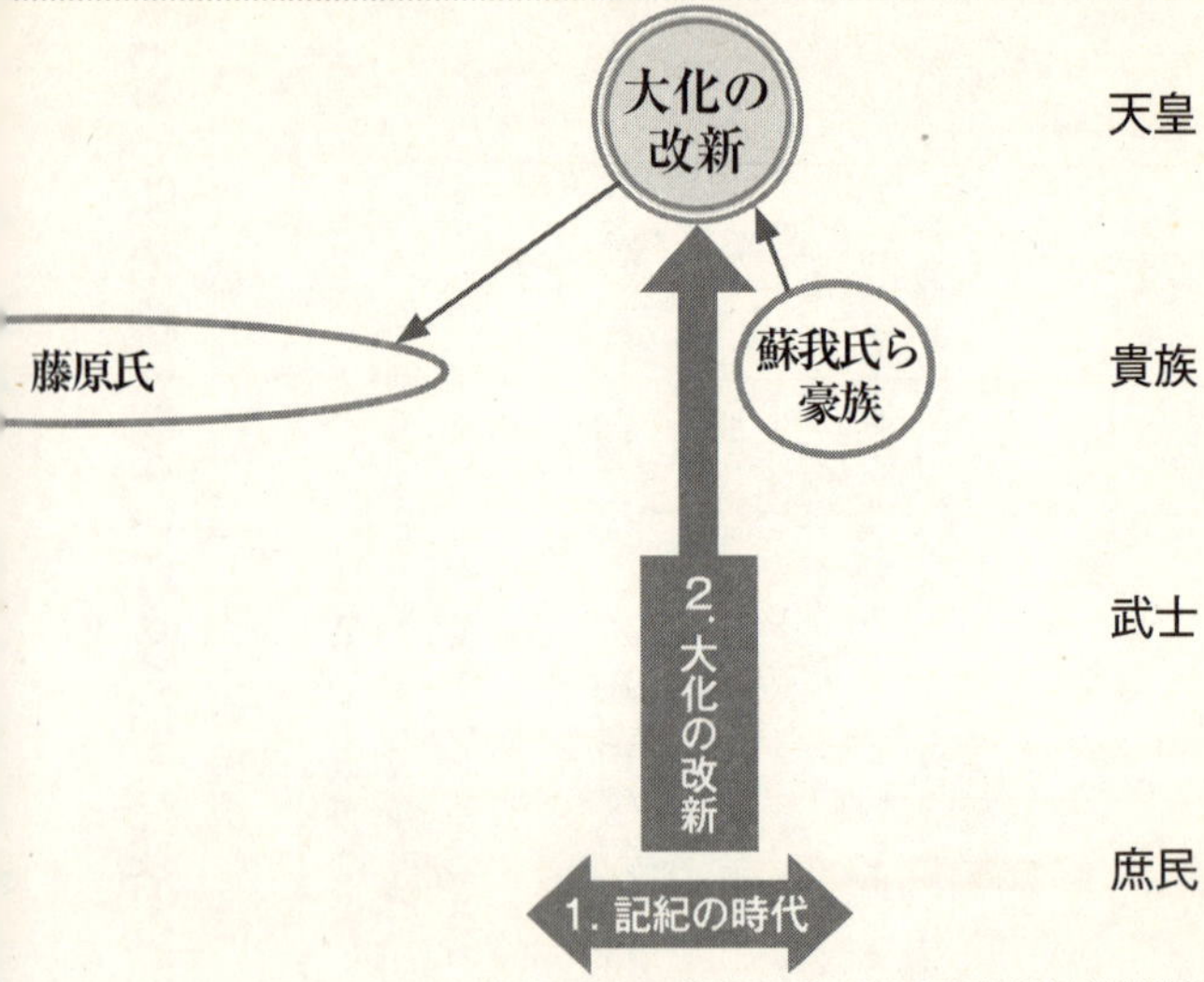

57　倭奴国王が後漢から金印を授かる

239　卑弥呼が魏に使いを送り、金印と銅鏡を授かる

593　聖徳太子が摂政となる

645　大化の改新

672　壬申の乱

710　平城京へ遷都

712　古事記成立

720　日本書紀成立

794　平安京へ遷都

935　平将門の乱

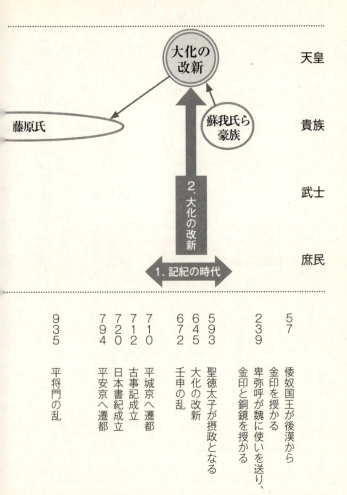

”歴史のツボ”が見えてくる「主権」の流れ

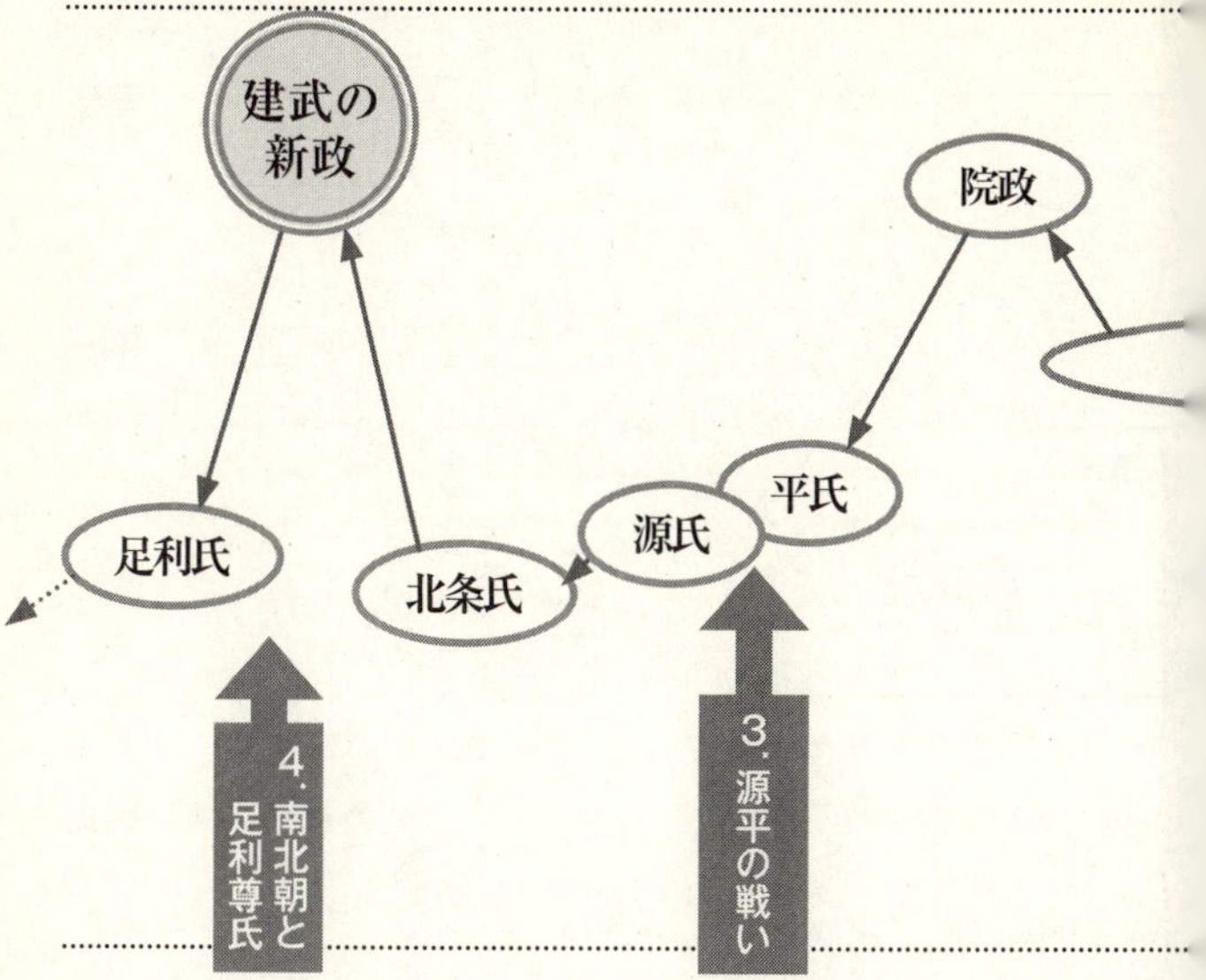

1016　藤原道長が摂政になる
1086　白河上皇が院政を始める
1156　保元の乱
1159　平治の乱
1167　平清盛が太政大臣に
1180　源平の戦い（～85）
1192　源頼朝が征夷大将軍に
1203　北条時政が執権に
1274　文永の役
1281　弘安の役
1333　鎌倉幕府滅びる
1334　建武の新政
1392　南北朝合一
1467　応仁の乱

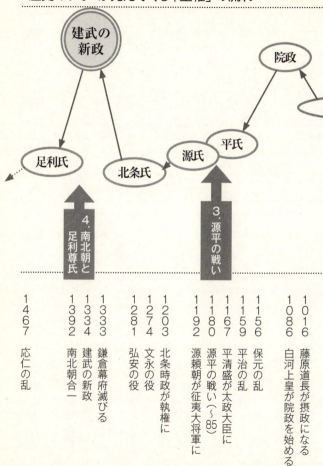

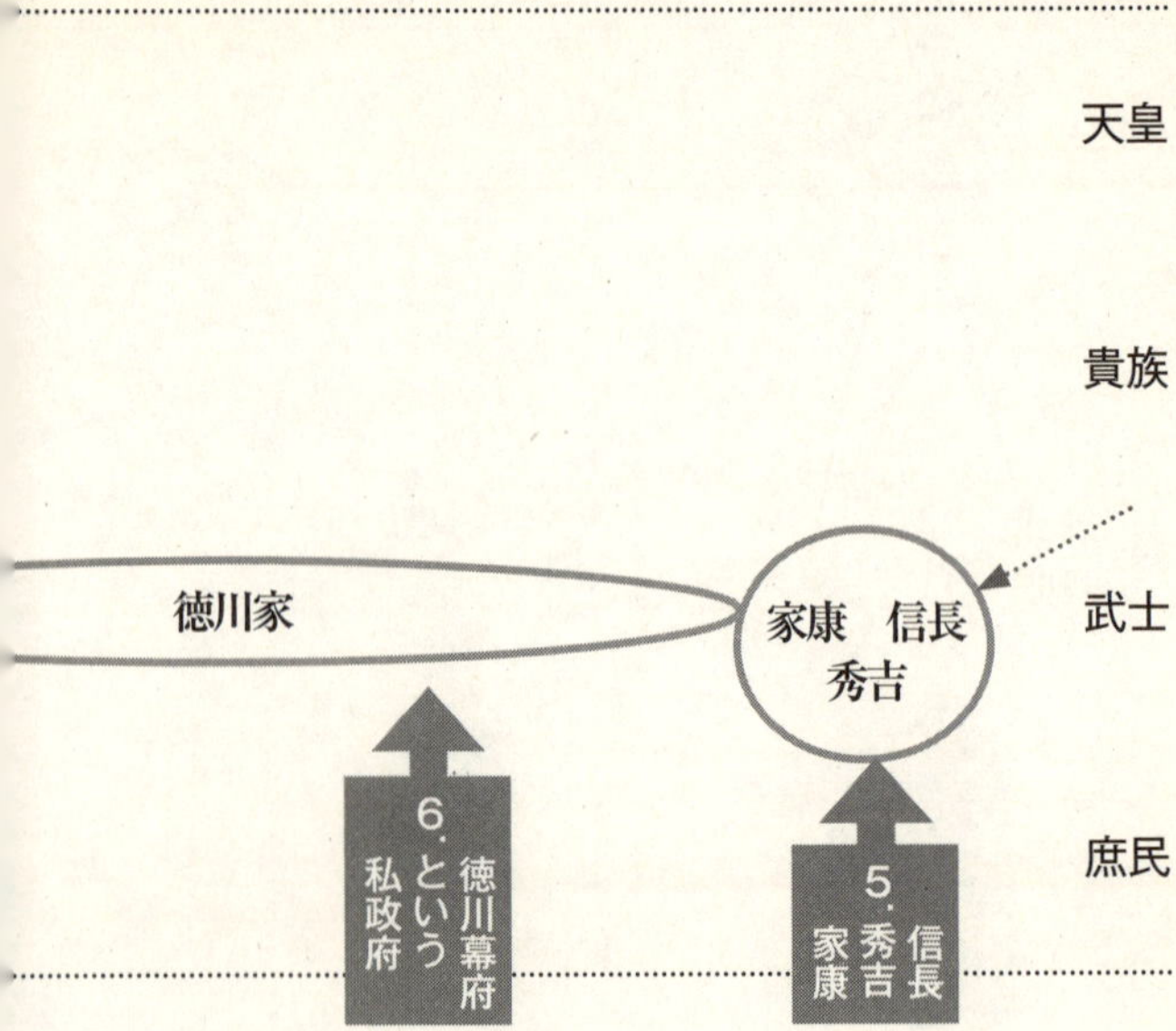

1573　織田信長が室町幕府を滅ぼす
1590　豊臣秀吉が全国統一
1600　関ヶ原の合戦
1603　徳川家康が江戸幕府を開く
1716　享保の改革
1772　田沼意次が老中になる
1782　天明の大飢饉
1787　寛政の改革
1833　天保の大飢饉
1841　天保の改革
1853　黒船の来航
1854　日米和親条約の締結
1860　桜田門外の変

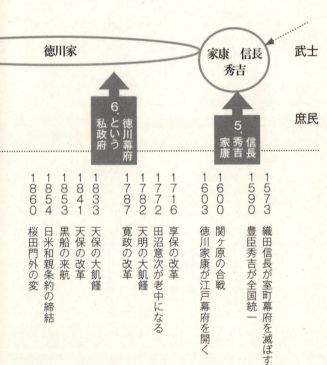

”歴史のツボ”が見えてくる「主権」の流れ

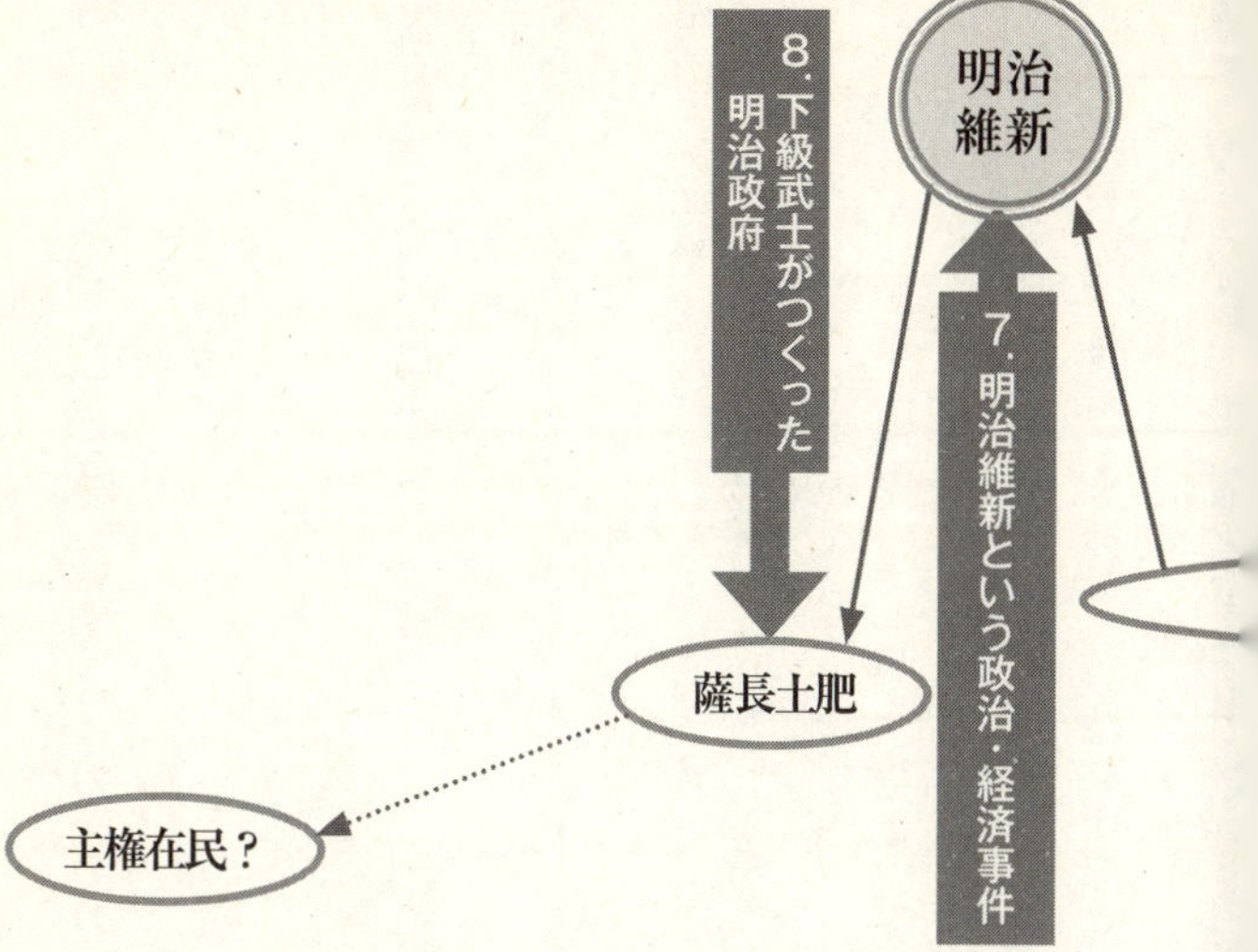

1866 薩長連合成立
1867 大政奉還、王政復古の大号令
1868 戊辰戦争
1871 廃藩置県
1877 西南戦争
1885 内閣制度ができる
1889 大日本帝国憲法の発布
1894 日清戦争
1904 日露戦争
1914 第一次世界大戦
1931 満州事変
1937 日中戦争始まる
1941 太平洋戦争始まる
1945 ポツダム宣言の受諾、敗戦

序章　生きた日本の歴史がつかめる「八つの転換点《ツボ》」

その時代における〝主人公〟は誰か

日本史をたんなる歴史の知識、教養としてではなく、実生活に役立つ生きた知恵とする。それがわたしの基本的な日本史に対する姿勢だ。

では、実際にわたし自身が日々生きていくうえで日本史をどう活用しているか。もっといえば、実生活に役立たせるために、どういう視点で日本史をとらえているか。

源平の合戦や桶狭間の戦いといった、そのときどきの歴史を動かした大事件・出来事を一つひとつのお団子とするなら、それらを突き通してつなげていく串がある。いわば日本史を貫く串だ。その串を何に置いているかというと、わたしは一生活者として、その時代、時代の「主権」がどこに存在したか、どう移ったか、ということに着目して日本の歴史を見ている。

この場合の主権というのは、政治学用語としての厳密な意味での主権ではない。

一般生活者が生きていくうえで必要なモノやサービスなどを、実質的に支配できる力を持っているのは誰か、政治の主人公はいったい誰か、といった程度の意味だ。

そして、この主権の移動という視点で日本史を見ていると、日本史にある一つの大きな流れが見えてくる。それは、高いところ（一番の頂点は天皇）にあったものが、しだいに川を下る水のように下に流れてきて、このあたりに定着するかなと思うと、急に逆流して、また上のほうに戻っていく。それがしばらくして、また下ってくる——こういう繰り返しが非常に多く見受けられる、ということだ。

日本史上、大きな政治変革事件が三回ある。それが、大化の改新（六四五年）、建武の新政（一三三四年）、そして明治維新（一八六七年〜）だ。いずれも主権が天皇に戻った変革である。

それまで下降現象を続けてきて、ある程度のところまで主権が下りてくると、また逆上昇する。その繰り返しが、さざ波ではなく、ある程度の年月——六〇〇年前後という大きなうねりとして、日本史の中で起こってきたということ。日本史を俯《ふ》瞰《かん》するうえで、わたしはまず、その大きな流れを頭に置いている。

主権はこうして生まれた

そもそも主権の流れでいうと、原始日本というのは、国も共同体もない個人完結の時代だ。だから、主権というのは一人ひとりにあったといえる。

だが、生きていくには働かなければいけない。畑を耕したり、魚を獲《と》ったりする必要もある。そういうことをおこなっていく過程において、すべてが個人に帰していた主権を少し分散して、共有しなければスムーズに生活が維持できない状況が起こってくる。

たとえば、不可抗力の現象では、自然災害、大雨や暴風、洪水などがある。また、獣が襲ってきて、人びとの努力を無駄にして作物を奪うこともある。あるいは、人間同士の争いで、物を盗むとか奪うなど、生命財産の危機を感じることも出てくる。これらに対抗するためには、人と人とが協力し合わなければならない。

こうして一人ひとりの主権単位ではやっていられなくなると、まずは近隣同士で手を取り合う。個人からグループになる。そうすると、主権はグループの共有になる。

そのグループが村に発展して、村から郡と、やや大規模な集合体になっていく。そのたびに主権はそれぞれのリーダーの手に移動していく。村長から郡長、やがてクニができると、クニ単位のリーダー。それに王という名をつける。各地の王がいまの自治体でいう「一部事務組合（複数の地方自治体が、防災やゴミ処理などの行政サービスを共同でおこなうために設置する組織）」のような連合体をつくれば、その議長のような存在が必要になって、やがて議長イコール天皇、帝《みかど》になっていったのだろう。

ちなみに、そのころは、王に対して精神的な尊崇《そんすう》の念などはそれほどなかったように思う。もともと利害関係によって成立している従属関係であるため、下の者が気に食わなければ上を取り替えることもできる。だから、戦国時代の下克上のようなことも古代日本にはあったことだろう。

そのうちに、パワーだけでは統制ができない状況がくる。そして、統制される側もそんなにクルクル変わるのでは安定した生活が送れない。安定的な、平和な生活を営みたいということになると、この世ならぬパワーを持つ存在に人びとの意識が向いていく。

もともと古代日本の場合には、日輪というか、太陽に対する信仰が非常に強かった。それをどこかの知恵者が信仰の対象である太陽と、統制する存在とを結びつけて神格化していったのだろう。そこに神話が生まれてきてアマテラスオオミカミ（天照大神）などの神様がたくさん生まれてくるわけだ。それがのちには、日本は神の国であるという神国思想につながってきて、相当長い間、日本の歴史観の根底に流れていく。

日本は神の国であるということと、天皇は神の子孫であり、神様が天から下ってきてこの国を統制した、世界に類例のない尊い国だという思想が生まれてくるわけだ。神国日本とか、あるいはアマテラスオオミカミが生まれてくるという一つの必然性があったわけだ。

このようにして、統一国家はまだできていないとはいえ、日本を束ねようとする政権の長である天皇の手に主権が渡ったのが、大和朝廷の成立といえるだろう。

大化の改新と記紀の時代

しかし、国の統治という強大な仕事は天皇一人でおこなうことはできない。当然、補佐役が必要になる。補佐役は当初のうちは大伴《おおとも》氏、物部《もののべ》氏の二つの地方豪族が非常に力を持っていた。天皇は軍隊である私兵を持っていない。ところが、大伴、物部両氏は私兵を持っている。その兵力を背景にどんどん力を伸ばしていった。

これに対して、対抗勢力として新興してきたのが、同じく地方豪族の蘇我氏だ。蘇我氏が武器にしたのは、ちょうどそのときに中国・朝鮮から伝わってきていた仏教。これを背景に、物部と大伴を抑え込んでいこうとした。その際に抱き込んだのが聖徳太子だ。

聖徳太子が熱心な仏教信者になり、推古天皇の摂政《せっしょう》になっていく過程には、蘇我氏のパトロンとしての大きな支持があった。それによって大伴氏、物部氏が力を失っていき、蘇我氏だけが繁栄していく。事実上、主権が天皇から下ってきたのだ。

蘇我馬子《うまこ》が中心になって、息子の蝦夷《えみし》、さらにその子の入鹿《いるか》と続いて栄華を極めたが、権力を握るにしたがって、その専横ぶりが恨まれるようになった。やがて聖徳太子が、主権をもう一度、蘇我氏から天皇の手に戻したいという王政復古を、ひそかに考えるようになる。

それにはどうするか。聖徳太子が考えたのは、一つは仏を利用すること。もう一つは、いまのところ私兵化している軍人（武官）と文官を国家の直臣《じきしん》にすること。そのためには、政府の体制をきちんと整えて、そこに勤める役人たちの官位をしっかり定めないといけないということで「冠位十二階」をつくった（六〇三年）。

しかし、これは容《い》れ物を整えたようなもの。つまり、ポストの区分けだから、それに加えて、国家公務員としての心構え、精神面におけるロイヤリティ（忠誠心）を法制化するということでつくったのが「十七条憲法」（六〇四年）。「十七条憲法」

はいまでいう憲法ではなく、国家公務員の心構えを説いた「公務員法」のようなものだ。しかし、その底に流れているポリシーというのは、仏法僧の三つの宝を重んじるという、仏教を中心にして政治をおこなっていこうということだ。それまでの祭政一致、神様と政治が一緒だったのを、仏政一致、仏教と政治を一致させるということだ。

憲法を定めて、国家公務員を統制していくにしても、日本国としてのステータスを示さなければいけないということで、隋《ずい》に対し国書を送って遣隋使を派遣することもおこなった。

だが、聖徳太子の主目的は、政治の交流ではなく、あくまでも文化の交流。とくに仏教文化をもっと日本国内に浸透させたいということ。これは必ずしも多くの人の理解を得ることはできなかった。結局、彼はだんだん孤立化していく。法隆寺を建てて、そこに籠《こも》り、ほとんど仏と向き合うばかりで、世間を遮断した形で死んでしまった。

その遺志を引き継いだのが、中大兄皇子《なかのおおえのおうじ》と大海人皇子《おおあまのおうじ》の兄弟と、中臣鎌足（当時は鎌子）の三人。前の二人は皇子だが、中臣氏は補佐役の一員で、とくに中臣鎌足は当初は蘇我氏に目をかけられて立身した立場にいた。仏教を大事にするということでは蘇我氏と一致していたのだ。

彼らが中心となって天皇に主権を取り戻そう、天皇を主権者とした、いまでいう中央集権国家をつくろうとしたのが、「大化の改新」（六四五年）である。主権を取り戻すというのは、具体的には日本の国民・国土を天皇の直接支配下におく、ということである。これはその後の〝建武の新政〟も〝明治維新〟も目的は同じだ。

これによって、主権がもう一度、天皇の手――中大兄皇子が即位した天智天皇、そしてその弟である大海人皇子が即位した天武天皇に戻った。

古事記と日本書紀は何の目的で書かれたのか

この時代に編纂されたのが、日本最古の歴史書である『古事記』（七一二年成立）と、最古の勅撰《ちょくせん》歴史書である『日本書紀』（七二〇年成立）である。

この古事記と日本書紀、成立した年代からいうと、わずか八年しか差はない。しかも、同じ神話を題材に取った、類似する話も多い。さらに、古事記は江戸時代まで公にされることなく、お蔵入りになって世の中に出なかったといわれる。つまり、時の主権者から、日本書紀こそが正統な日本の歴史書であると位置づけられたわけだ。

さらに詳しく内容を比べてみると、古事記は物語、説話、伝承、神話的なものが七割から八割を占めている。逆に、日本書紀のほうはその部分が一〜二割になっていて、あとの八割は、ほとんどが天皇家の歴史。つまり、『古事記』が古代日本に伝わる神話を体系づけた歴史書であるのに対して、それを一部引き写しつつも、日本の統治者である天皇家の正統性をPRするために書きあらためたのが『日本書紀』といえる。そこに天皇を主権者とする強力な中央集権国家をつくろうとする意思が表れているといえよう。

大化の改新を機にいったん天皇に主権が移ったのだが、これが長続きしなかった。天智天皇の死後、その弟・大海人皇子（のちの天武天皇）と、息子である大友皇子が後継をめぐって壬申《じんしん》の乱を起こした（六七二年）。

結局、この期間に着々と力を蓄えていた中臣鎌足が、藤原の姓を与えられ、藤原鎌足となって藤原家の祖となり、藤原家が権力の中心になっていく。鎌足を仏として祀った興福寺をつくり、また同じく鎌足を祀ったお宮である春日大社を興して、鎌足を仏であり神の存在とするなど、実質的な主権者となっていることがよくわかる。

また、鎌足の子・不比等は、娘を天皇に嫁がせるなど、天皇家との結びつきを強めた。ほかの貴族とのドロドロした権力争いを勝ち抜き、藤原家は平安時代後期まで続く長い栄華を築いていくことになる。

ちなみに、藤原家は現在まで連綿として続いていて、近衛《このえ》家にしろ、九条《くじょう》家にしろ、名前こそ違うが、元をたどれば、みんな藤原一門である。

貴族政治の限界と武士の台頭

貴族の主権社会がずっと続く中で、もともとは人びとのより幸福な生活を保障する役割を担って主権を委任されていたはずの貴族たちが、いつの間にか権力を独占して、本人たちの贅沢な生活に国の富を集中させていくようになる。民衆はたんなる税の納め手、担税者でしかなくなってしまった。民衆の存在感というのはとても軽く、いまでいう人権、人間として尊重されることは一切ない。

さらにこの時代、貴族同士の派閥争いや、ネチっこい対立が起こるなどして、時に貴族たちが身の危険を感じるようなことも出てきた。そうなると、身辺を警護するガードマンが必要になる。これを誰にやらせるか、となり、野蛮だが、勇猛で忠誠心がある東国の武士を番犬代わりに使え、となっていく。

しかし、使われる武士のほうは大変だ。アゴアシ（食費と交通費）自分持ちで都までやってきて、六年間も拘束され、春夏秋冬を問わず、雨であろうと、嵐であろうと、雪であろうと、門の外に立たされて、貴族の生命や財産のガードマンになる。

武士は、もともとは農民と農地で成り立つ小集落を守る立場から発生した。個人の自衛が目的である。したがって、武力（暴力）の使い手だ。理屈も何もない。〝一所懸命〟（自分の土地を命がけで守る）の実行者であり、〝力〟の行使者だ。都の貴族はそこに目をつけた。武士に人間性や教養などは求めないし、認めない。武力だけを重視した。

しかし、武士の中でも、それを唯々諾々《いいだくだく》と受け入れる人間ばかりではなくなってくるのは当然の流れだ。最初に立ち上がったのが平将門だ。彼は、時の政権に反旗を翻し、西の京都に朝廷があるのなら、東にもあっていいではないかということで、いまの茨城県に都をつくって、自分を新しい天皇、新皇と称するようになる（九三九年）。

しかし、これは失敗に終わる。将門の乱が成功しなかった理由はいろいろあるのだが、わたしが注目しているのは、それまでの歴史の中で人びとの間に主権者に対するある種の畏敬の念が生まれてきたということ。「貴種尊重」という観念だ。その後の武士団の棟梁となって歴史に躍り出る平氏も源氏も、元をたどれば天皇家につながる東国武士である。

この貴種尊重の気風が東国の武士にまで行き渡っていたために、同じ武士である藤原秀郷《ひでさと》らに殺されてしまった。

貴族階級にあった主権を武士のところまで持ってくることを試みたが、貴種尊重の気風が壁になってそれを認めなかったということだ。平将門がいくら新皇といっても、やっぱりニセモノだという考えがあったのだろう。結果的に将門の乱はついえてしまう。

しかし、このときに将門によって武士階級が一時的にでも主権を手にしたという事実は、全国の武士にとっては相当な刺激になり、一つの新しい希望が生まれたのは間違いない。結局、これを契機にして、武士が少しずつ力をつけていく。

源平の合戦と武家社会

武士社会の本格的な到来は、平氏と源氏が台頭してからである。平氏と源氏が本格的に表舞台に登場するのは、保元の乱（一一五六年）と平治の乱（一一五九年）の二つの乱である。

平安時代は長らく藤原氏が天皇の外戚となって主権を握る時代が続いたが、平安後期にはそれが途絶え、天皇を譲位した上皇が実質的な権力を持つ院政がおこなわれていた（一〇八六年〜）。その中で巻き起こった天皇の後継者争いに端を発し、武士の台頭も合わさって合戦が起こる。

合戦といっても、大軍を擁しての戦いではなく、数百人程度の小規模の乱だったが、結局、朝廷の争いに武士の力を借りなければ解決できないということが明らかになり、武士の地位を高める結果となった。

武士にすれば、天皇や上皇、そしてその補佐役である貴族の手から主権を剥奪《はくだつ》するきっかけとなる乱だったといえる。

やがて、策略を弄して平氏がまず政権を手にする。

平氏の天下になり、主権がいったん武士の手に移ったように見えたが、権力を握ったとたん、平氏一門が貴族化していった。藤原氏がおこなっていた天皇との外戚政策をおこない、「平氏に非《あら》ざれば人に非ず」と豪語するほどの栄華を極める。いまでいう地方自治体の管理者を「守《かみ》」といったのだが、それを日本全国すべて平氏一門で押さえてしまった。

これにはもう一方の武士団である源氏はおもしろいはずがない。そこで、棟梁である源頼朝が立ち上がる。一度は石橋山の合戦で平氏に敗退するが、捲土重来《けんどちょうらい》、ふたたび巻き返し、ついには壇ノ浦で平氏を滅ぼす。そして、鎌倉幕府を開く（頼朝が征夷大将軍に任じられたのは一一九二年）。これによって名実ともに、武士に主権が移った。

ところが、鎌倉幕府は、源頼朝、頼家、実朝《さねとも》の三代で源氏の血統が滅びてしまう。このときに、武士が手にした主権を二度と貴族の手に渡すまいと立ち上がったのが、鎌倉幕府の番頭であった伊豆の地方豪族・北条家当主の北条時政と、その娘で頼朝の妻であった政子である。

北条一門は執権政治を敷いた。将軍は名目上、皇室や藤原一門などの人間を迎える。しかし、実権は執権の北条一族が握るという変則的な形で、主権を北条一門が手にしたわけだ。

これは主権の移動という視点で見ると、源氏という武士の名門であり、家格が高かったところから、北条という地方豪族に下降したということ。

ところが、何代かは初心、原点を守って、御家人のための武家政治を維持したが、代が下るにしたがって、結局、北条氏一門も平氏同様、貴族化していく。鎌倉末期のころになると、北条一門が貴族の真似事ばかりやって武士の初心を忘れ、生活全般がどんどん貴族化し、また、元《げん》（モンゴル）の来襲（一二七四年、一二八一年）

で消耗させられた御家人たちの窮乏もあって、政権基盤が弱体化していった。

建武の新政――主権を天皇の手に取り戻すものの

やがて幕府に不満を持った御家人たちが立ち上がる。後醍醐天皇の号令のもと、御家人の中でも貴種尊重の流れを受けて、源氏の流れをくむ足利高氏（尊氏）、新田義貞を大将に、鎌倉幕府を滅ぼし、王政復古を実現したのが建武の新政だ（一三三四年）。ここでふたたび天皇に主権が戻る。

ところが、これも長続きしなかった。後醍醐政権による、幕府打倒のために戦った御家人たちの恩賞配分が非常に不公平だったからだ。後醍醐天皇というよりも、そのまわりにいた連中、とくに公家や御所の官女たちが私意によって配分したため、全国の武士たちから不満の声が湧き上がった。全国から武士たちが上京してきて、その不満解消を代表格である足利尊氏に頼み込むのだが、後醍醐天皇の側近はそれを受けつけない。結局、尊氏が謀反《むほん》する形で後醍醐天皇を追放し、新しい天皇・光厳《こうごん》天皇を立てた（北朝）。追われた後醍醐天皇は吉野に朝廷をつくる（南朝）。この南北朝の時代が約六〇年続く。

この間、足利尊氏は征夷大将軍に任じられ、室町幕府を開き（一三三八年）、実質的な権力を得て、その後、足利幕府は十五代続く。これによってまた主権が武士の手に渡ったことになる。

日本の三大政治変革は大化の改新、建武の新政、明治維新とあるが、この三つの政治変革というのは、全部どこかにあった主権が天皇に戻った変革だ。建武の新政でも、期間は短かったが、北条家という地方豪族の位置からふたたび上昇現象を起こし、主権は天皇の手に戻った。

ところが、急上昇しすぎて、落ちるのも早かった。全国の下級武士たちの期待を担っていた足利尊氏が北条政権に代わって足利幕府をつくった。足利尊氏というのは名族、れっきとした源氏の流れであり、建武の新政で天皇に戻った主権が、また武家の棟梁のもとに来たことになる。

繰り返される武家政権の弱体化

ところが、足利政権でも、長期政権になっていくと、しだいに武士の初心を忘れて貴族化し、支配力を弱めていく。

八代将軍・足利義政のときに応仁の乱（一四六七〜一四七七年）が起こった。将軍の跡継ぎ争いに、各地の守護大名の対立が加わった。幕府と全国の守護を二分する戦いである。この戦いで、戦場となった京都は焼け野原となって、幕府や将軍の権威は大きく揺らぐ。

さらには、十三代将軍・足利義輝が家臣の松永久秀《まつながひさひで》に暗殺されるなど、幕府や将軍の権威は完全に失墜し、身分秩序や規範がガタガタと音を立てて崩れていく。いわゆる下克上の時代の始まりである。

それによって何が起こったかというと、当時、全国に六十八の国があって、一国ごとに守護がいて（いくつかの国を掛け持ちする守護もいた）、その下に守護代がいた。守護というのは足利一族の家格が高い人間がやっていたのだが、守護には参勤を命じていた。全員を室町（京都）に集めて仕事をさせる。そうすると、現地では守護代が守護の仕事をする。このとき、守護代がしっかりした人物ならいいが、苛《か》斂誅求《れんちゅうきゅう》をおこなったり、人望がなかったりすると、地方の地侍や豪族がそれに背いて、自分の持っている土地とか農民を、守護制度から切りはなして勝手に自治行政をおこない始めた。

こういう連中は年貢（国税）を徴収しても幕府に納めない。自分のところにとどめてしまう。財をなすだけではなく、さらに武力も養うから、力（支配力）も持つ。

つまり、この時代には、主権が将軍から守護代に一気に下降し、さらに地域に分散・

拡散してしまったため、日本全体を統《す》べる主権者は、事実上、消えてなくなってしまい、主権の地方分散化が起こった。

こうして、群雄割拠の戦国時代が到来する。この時期は、明確な主権はどこにあるかわからない。下克上でのし上がった各地の戦国大名などに分散し、いわゆる主権の所在不明という空白期となったわけだ。

信長という革命児の登場

そんな戦国時代に終止符を打ったのが織田信長だ。信長の父・信秀は、もともとは尾張国の守護代の番頭で、決して家格の高い武士ではない。ましてや源平の流れをくむ武士の家系ではない。しかし、戦国時代の下克上の風潮の中で信秀は尾張の守護にまでのし上がる。その跡を継いだのが信長だ。

信長は戦国時代の混乱状況をよく観察していた。民衆は尾張に住んでいれば尾張の人間だが、一方で、日本の国民でもある、昔のように日本全体を統べる政治が必要だし、そういう政治家もいる。後章で詳しく触れるが、信長は「あゆち（幸福）思想」を持っていて、これを自分の政治理念として、日本中にあゆちの風を吹かせよう、天下事業をおこなおうという理念を持っていた。地方自治だけではなくて、中央政治の必要性を感じていたわけだ。

そのためには、地方に分権化、分散化されてしまった主権をもう一度集め、統合するような存在が必要だ。自分がそれになろうと、天下人を目指していく。

信長のあと、秀吉、家康と続くわけだが、信長は先にも述べたように尾張の一豪族であり、秀吉に至ってはもともと武士ですらない。家康も地方豪族の出だから、信長と同じような家格。結局、源氏の流れをくむ名族・足利氏が持っていた主権が、事実上、一地方の土地と農民を支配していた地方武士に一挙に下降していった。

このころ、信長に至って初めて国民という意識が出てきた。とくに信長の場合には、交通の要衝であった尾張育ちという地域性もあって、経済の発展を重視し、楽市楽座を岐阜と安土で実現した。これはいまでいう規制緩和。いつでも、どこでも、誰でも、何をつくってもいいし、何を売ってもよいという発想で、一部貴族や寺社などが持っていた特権を破棄した。また、道路などの公共基盤整備をおこない、貨幣改鋳《かいちゅう》も試みた。このころはまだ日本には貨幣の鋳造力がなかった。これは統一国家にしなければできない。

織田信長・豊臣秀吉・徳川家康の三人は、奇《く》しくも愛知県から出た〝天下人〟だ。

しかし、織田信長は、この〝天下〟を取るという観念を、けっして自己権力の増強という意味合いではとらえていなかった。彼は、「天下とは同時代人、とくに民衆の政治や経済に対するニーズ（需要）の総和である」と考えた。それは彼が青少年時代から尾張の城下町をうろつき回って、旅行者や浪人らと接触したことで得られた発想だろう。

戦国民衆は何かの目的があって、ある土地を目指す。しかし信長は、「それは何のためなのか」と考えた。そこで旅人に積極的に接し、何のためにそこに行くのか、ということを聞き込んだ。いわば戦国民衆の「ニーズの一端」をマーケティングしたのである。

彼らの需要は、平和に生きたい・豊かに生きたい・平等に生きたい・社会正義が守られてほしい・自己向上したい・それを発表したい、という人間的欲望の表れであることを知った。信長はこれらを〝天下事業〟として設定する。そして、プライオリティ（優先順位）を立てて実現することを思い立った。それが信長の〝天下人〟である意識とともに、〝天下事業〟の内容だった。

同時代人のニーズをある程度まで実現した。とくに室町時代までの日本人の価値観だった〝一所懸命〟の思想、つまり土地を至上の財産とする価値観を打ち砕いた。信長自身、土地を財とすることに異論があったわけではない。しかし、

「一所懸命の思想で仕事をすると、しがみつきの精神になって、改革はできない」と考えたのである。そこで彼は一所懸命に代わる日本人の価値観として〝文化〟を持ち込んだ。文化政策をおこなうのではなく、文化を国民生活に必要な衣食住の付加価値として、内需を沸かせ、国民の購買意欲を増進させたのである。

これによって国民の生活意識が向上し、文化を生活の中に活かす風潮が生まれた。その結果、優れた技術・能力を持ちながらも、いままでところを得なかった多くの物づくりや芸術家が場所を得た。それなりの収入も得られる。こういう新しい価値観の設定によって内需をかき立て、貿易に頼らない内需のみの経済の高度成長をなしとげた。

しかし一方には、信長の行動を「自己権力を増強するための覇者的ふるまい」と見る者もいた。毛利元就はその代表である。いま考えれば信長の政治理念と行動は〝王道政治〟なのだが、元就はそうは見ない。覇道政治だと見る。さらに元就は、「オレの政治こそ王道だ」と胸をはる。そして元就はその王道政治を「地方自治の拡大と確立によって実現する」と豪語し、実行する。

かれが実現のために活用したのが〝カラカサ連合〟だ。雨具であるカラカサを広げると芯（コア）から放射線状に竹の骨がのびている。かつては農民が一揆を起こすときの連判状の書式だ。加入者の平等・負担の公平・罰は全員で受けるなどの盟約を示した。元就は地侍・豪族に働きかけ、・自然災害への対策・水利の配分・入相《いりあい》権《けん》の協議・治安の維持・境を越える開発・物価の統制など、地域共通の課題の共同処理機関とした。

もう一つは当時山陰には尼子氏、山陽には大内氏という大勢力がいた。両氏がおこなうのはいまでいう〝M&A（合併や買収）〟だ。地方の地侍や豪族がつぎつぎと吸い込まれていく。元就の〝カラカサ連合〟はこれに対する防壁になった。そして毛利軍となったかれらは、逆に尼子も大内もほろぼしてしまった。

元就が支配管理下においたのは、出身地である現在の広島県・山口県・島根県・鳥取県・岡山県・兵庫県の大半、福岡県を主とする北部九州、それに四国の瀬戸内海側と広範囲な地域である。道州制になぞらえれば〝毛利道、あるいは毛利州〟を実現したのである（欲をいえば下関、博多などを利用した海外交流もしてほしかったが）。

近畿から西方の地域はほとんどこの毛利ゾーンに属していた。だから戦国の争乱は、信長の〝天下（国政）〟政治と、元就（その後継者を含め）の〝地方自治〟との争いだ、といってもいいすぎではなかろう。地侍・豪族たちはそれぞれ情報を判断し、

「どっちに味方するか」で悩んだのである。

しかし事態は、あるいは天運は、少しずつ信長を優利にみちびいた。それは信長の政治理念と実行に〝国民〟としての民衆が共感をおぼえ始めたからである。とくに「女は合戦など起こさない。合戦はいつも男が起こす。そしてそのたびに女は犠牲になる」と考える女性たちの世論の高まりは、やはり信長に傾いていた。

そして秀吉、家康へ

豊臣秀吉は信長の精神を引き継いで、〝桃山文化〟といわれる華麗な文化政策を展開した。彼自身は低い身分の出身だったために、華やかな生活への欲望も強く、政策はさらに進展した。今日残る芸術的遺品も〝桃山式〟と呼ばれ、秀吉が推進した政策から生まれたものが多い。

しかし、秀吉が征夷大将軍という武士の最高職ではなく、関白・太政大臣《だじょうだいじん》という公家の最高位に就いたために、彼自身の生活と同時に、部下、大名たちの生活もしだいに貴族化していった。つまり〝武士の原点〟がしだいに忘れ去られていったのである。とくに彼はいまの政治家がいう〝三ばん（地ばん〈地縁〉・看ばん〈家格〉・かばん〈財産〉）〟をまったく持たずに徒手空拳《としゅくうけん》でのし上がった。そのために部下管理に非常に気を使い、バラマキがしきりにおこなわれた。
給与は土地を与えるので、やがて限界に達してしまう。そこで彼は大陸に目をつけた。中国への進出を思い立ち、その通路にあたる朝鮮にも働きかけた。それが彼の政権の致命傷になった。

豊臣政権末期に五大老の筆頭に立っていた徳川家康は、とくに「平和」に政治的使命をおく武将だった。古代中国の思想に「易姓革命論《えきせいかくめいろん》」というのがある。徳を失った王は徳のある後輩にそのポストを譲らなければならない。しかし、徳を失った王があくまでもその座にしがみつくときは、孟子は実力行使をしてよいと告げた。「放伐論《ほうばつろん》」である。

徳川家康が征夷大将軍になったころは、日本国民の悲願ともいうべきものが「平和の実現」だった。家康は秀吉の朝鮮出兵に協力していない。部下を一人も朝鮮に送っていない。朝鮮はこれを高く評価し、秀吉の死後、断絶している日鮮国交を回復しようと持ちかけてきた。国内の世論も家康を支持している。つまり、まだ健在だった秀頼（秀吉の子）では、国内的にも国際的にも平和実現は無理だと判断が下されていた。家康はこの世論を喚起し、世論を背景に豊臣氏を滅ぼす。彼の目的はあくまでも、

「今後、日本国は平和に経営する」

という考えだ。しかし、そのためには、一番邪魔になる〝下克上〟の思想を排除しなければならない。そこで彼は江戸幕府の組織を緻密に組み立てるとともに、幕府、ならびに藩（大名家）を運営する武士の精神的規範を朱子学に求めた。朱子学は、

「君臣の大義名分を重んじる」

というものだ。下克上の思想は、

「君、君たらざれば、臣、臣たらざらん（君主が君主らしくなければ、臣下は臣下らしくしなくていい）」

というもので、これは支配者にとってははなはだ都合が悪い。日本を平和に治めていくためには、

「君、君たらずとも、臣、臣たらざるべからず（君主が君主らしくなくても、臣下は臣下らしくしなくてはならない）」

というものでなければならない。したがって、徳川家康が示した規範によって、幕府や藩の武士、さらに日本国民である限り、すべて、

「上を見るな、下を見ろ」

という考えで統一されていく。その結果、身分制も生まれてくる。

家康の支配策は分断支配である。一人の人間に多くの権限を与えず、合議制や集団指導制で運営させる。幕府の高級ポストもすべて複数制だ。しかも、月番によって毎月交代させた。この巧妙な方法によって、それぞれの人間がある部分において不完全燃焼感を抱きつつも、自分で自分にムチを打つ競争心を持つように変わっていく。それが分断政策である。人間の欲望を完全燃焼させるのではなく、不完全燃焼部分を残しながら、約二七〇年間、この体制が維持された。

戦国は無秩序な時代だったのか

ところで、戦国時代といえばすぐ〝無秩序〟とか〝だれでも一国一城のあるじになれた時代〟という。たしかにそういう面もあったが、このこと自体、「主権が民衆にむかって下降していた」ということを物語るものなのだ。時代のバックグラウンド（背景）には、ハッキリそういう潮流があった。

愛知県は戦国時代に天下人を三人生んだ。信長・秀吉・家康である。そしてこの三人の行動が日本中に大きな影響を与えた。だからこそ三人は天下人であり、その行動が天下事業なのである。

当時日本のどんな片隅で生きていても、三人の影響を受けずに暮らせた人間は一人もいない。そして三人の行動にはそれぞれ連続性があった。キャラ（個性）にまかせて三人が好き勝手なことをしたわけではない。このことを一番わかりやすく説明するのが、三人がつくった「鳴かないホトトギスをどうするか」という設問に対する答えとしての俳句である。

信長　鳴かぬなら殺してしまえホトトギス
秀吉　鳴かぬなら鳴かしてみしょう（みせよう）ホトトギス
家康　鳴かぬなら鳴くまで待とうホトトギス

ふつうは三人のキャラをいうものだと解釈されている。信長＝短気、秀吉＝自信、家康＝忍耐づよい。たしかにそういう面もある。しかし、わたしはこの句を「それぞれが歴史に対して果たした責任」と解釈している。

信長　旧価値社会の破壊と新価値社会の建設の手はじめ
秀吉　信長から継承した新価値社会（文化を前面に出した）の仕上げ
家康　二人の実現した社会（かなり修正を加えている）の長期管理と維持

つまり天下事業の創造から維持管理のプロセスだ。三人とも〝あゆち〟の伝承を知っていたに違いない。だから三人とも「日本を幸福な国にしたい」という、国家的志を持っていた。時代や国の性格を変える、〝太い線〟を結ぶ三つの大きな点だったのである。

戦国はけっしてハチャメチャな時代ではない。理念や志の点では、キチンと整合された時代なのだ。ただそれがわかった人間とわからない人間がいたこともたしかだ。わからない人間は淘汰される。古いフランス映画にこんな惹句《じゃっく》があった。

運命は従う者を潮に乗せ、拒む者を曳いて行く（商船テナシチー）

徳川幕府という私政府

家康は徳川政権を長期管理・維持するために幕府をつくって、さまざまな工夫をこらした。江戸幕府は、いってみれば武士の、武士による、武士のための政権のため、あくまでも主権というのは一貫して武士の手にあった。

ただ、その長期政権の中でも、江戸幕府を開いた家康の直系である四代・家綱あたりまでは、武士主権の強固な支配力を有していた。しかし、江戸中期ごろからは、貨幣経済の進展とともに商人層が力を持ち始めた。また、目安箱をつくって民衆の意見を政治に取り入れたりと、武士以外の声を取り入れざるを得ないような状況に置かれてきた。つまり、主権は依然、武士にあるが、庶民の意見なり、力なりが無視できなくなってきたということだ。江戸時代二七〇年の中で、主権が少しずつ下方向に広がってきたといえるだろう

ただし、江戸幕府二七〇年の中で、経済的なバブル期（高度成長期）と不況期（低成長期）が三回、大きなうねりのように現れる。バブル期が元禄、明和・安永、文化・文政の三時代。不況期が享保、寛政、天保の江戸三大改革がおこなわれた時代である。

経済の高度成長をもたらしたとき、そして、三大改革がおこなわれた不況のときは、いずれも主権者が強力なリーダーシップを発揮している。

高度成長期では、元禄が五代将軍・綱吉であり、明和・安永が老中筆頭であった田沼意次《おきつぐ》であり、文化・文政は十一代将軍・徳川家斉。

また、低成長期では、享保の改革が八代将軍・吉宗とその部下の大岡忠相《ただすけ》であり、寛政の改革は吉宗の孫である松平定信であり、天保の改革は水野忠邦である。

そう考えると、庶民の声を聞かなくては政治はできない流れではあったとはいえ、

江戸時代を通じて、主権は武士の手にしっかり握られていた。

しかし、幕府が創立したときから、ある矛盾を抱えていた。それは、カネが社会運営の大きな力であるにもかかわらず、これをはなから否定したことである。身分制において、商人は社会の一番劣位に置かれた。社会の動脈であり原動力であるにもかかわらず、抑圧され続けた。この抑圧された経済力がたまりにたまって爆発したのが、明治維新である。

維新、そして明治新政府へ

江戸幕府が約二七〇年もの長きにわたって続く中で、経済的な問題以外にも、制度的にいろいろな矛盾が起こってきた。わたしは幕末は第二の戦国時代だと思っている。あのとき起こったのは第二の下克上であった。

しかし、第一の戦国時代とは違って、第二の戦国時代は武力を中心とした実力主義だけではなく、学力を伴った。つまり、思想、理念、理論といったものを持って政治活動を始めた。結果的に、当初は個人の信念、学者の主張といったものを取り入れた志士たちが、尊王攘夷運動を主導していく。

しかし、彼らは安政の大獄で一掃されてしまう（一八五八〜一八五九年）。個人やグループで活動できた時代は安政の大獄で終わった。

そのあとに何が起こったかというと、同じ考え方を取り入れた藩士、組織人の時代に変わる。

しかも、その中心が下級武士だった。いまでいえば県庁の係長クラス。高杉晋作にしても、桂小五郎にしても、伊藤博文にしても、けっして藩の中で地位が高かったわけではない。西郷吉之助や大久保利通なども、みんな係長クラスだ。こういう連中が自分がいた薩摩藩、長州藩、土佐藩などの藩内改革をまず成功させて、藩の主権は下級武士の手に移っていた。これが連合した。

薩長連合や薩土連合などの連合組織体が、江戸幕府を倒して、明治維新を起こした。いつの間にか恒久化していた上級武士階級が持っていた主権を、下級武士の手に下ろした、ということだ。

歴史はつねに繰り返される?

しかし、ここでも歴史は繰り返された。主権を手にした下級武士たちは、表向き、万民のためとか、国民のためなどと口にしたが、必ずしも行動が伴わなかった。

その証拠に、明治維新を達成したとたんに、その中心にいた下級武士たちがみんな貴族になってしまったのだ。華族制度をつくったり、馬車に乗って上等な黒い服を着て、そっくり返って、人民を睥睨《へいげい》するようになった。

山県有朋がつくった明治官僚制度がその典型で、一九四五年に太平洋戦争で敗れるまでは、日本の主権は高級官僚の手にあった。それも、いまの東大を出て、高等文官試験の行政科、司法科を両方通ったような、新たなエリート階級の手にずっと握られていた。

それが、一九四五年の敗戦によって新しく憲法が制定されて初めて、日本国政の主権者は国民であるというところにきた。

日本の歴史は約一七〇〇年かかって、やっと一般生活者の手に主権が下りてくるところまできた、といえるだろう。

日本の歴史を「主権の移動」という視点からざっと俯瞰《ふかん》してみた。次章からは、主権の移動の転換点となった八つの歴史的事件に絞って、詳しく見ていくことにする。

第一章　記紀の時代

～なぜ古事記は江戸時代まで公《おおやけ》にされなかったのか？

「古事記」に見るヤマタノオロチ伝説

わたしが一連の日本史の流れの中で、主権がどこにあるかに関心を持ち始めたきっかけは、小学校五年のときの国史の教師の影響だった。ちなみに、当時は日本史といわないで、国史といっていた。

その国史の教師が、記紀（古事記と日本書紀）の神話を題材に挙げ、ヤマタノオロチの伝説を例に、興味深い解説をしてくれたのだ。

ヤマトノオロチの話は、前史を含め「古事記」の記述でいうと、ざっと次のようなものだ。

イザナキという男神と、イザナミという女神の二人の神様が一緒になって、混沌とした下界に国をつくることを命じられた。アメノヌボコという矛《ほこ》をもらって、それで潮をかき混ぜ、そのしたたりをポコッポコッと海に落としていったら、それが固形化して日本の島々、本州、九州、四国……など十四の島ができた。これが国生みである。

このときに、さらに国を産んだのちに次々に神々も産み落とす。そして最後に、イザナミが火の神・カグツチを産むのだが、カグツチの燃え盛る炎でイザナミは焼け死んでしまう。イザナミは、黄泉《よみ》の国に葬られた。これが根の国、現在の島根県にたとえられている。イザナキは黄泉の国からイザナミを連れ戻そうとするのだが、腐敗し、ウジが湧いたイザナミの体に恐れをなし、イザナキは逃げ出してしまう。

怒ったイザナミが追手を使って追いかけてくるのだが、それを何とか撃退する。そして、黄泉の国のケガレを払うためにお払いをしたあと、左の目を洗ったときにアマテラスオオミカミ（天照大神）が生まれ、右の目を洗ったときにツクヨミノミコト（月読命）、鼻を洗ったときにスサノヲノミコト（素戔嗚尊）が生まれたとされる。

イザナキは子どもたちに役割分担を課して、アマテラスには高天原《たかまのはら》、つまり天上界、ツクヨミは字のとおり月を指すことから夜の支配を任せる。スサノヲには海の支配を委ねたということになっている。

ところが、スサノヲは母が恋しくて、どうしてもイザナミがいるところに行きたいとダダをこねて暴れに暴れた。そのため怒ったアマテラスが岩屋に隠れて、世界が闇になってしまったのが、有名な「天《あま》の岩屋《いわや》」の物語である。

神々の知恵で、アマテラスは何とか岩屋から出てきて世界には光が戻るのだが、この出来事がもとで、スサノヲは高天原を追放された。その後、スサノヲが出雲の国に行った際にヤマタノオロチ伝説の話が出てくる。

出雲の国では、宍道湖《しんじこ》に流れ込む斐伊川《ひいがわ》の上流にヤマタノオロチといわれる、八つの頭を持った大蛇がいて、エサがなくなると時折、麓《ふもと》に下りてきて、農民たちが営々と苦労してつくった作物を盗んでいった。さらに、美しい村の娘を狙って山奥へ連れて行ってしまう。

村人は困って、スサノヲにあの大蛇を征伐してくれないかと頼んだ。スサノヲは、よし、わかったということで、大蛇に酒を飲ませるなど、策を弄して大蛇を征伐した。そして、その大蛇の腹を切り開いたら、中から一本の剣《つるぎ》が出てきた。それを戦利品として持ち帰った。その剣がのちに三種の神器《じんぎ》の一つである、アメノムラクモノツルギ（天叢雲剣。のちに草薙剣《くさなぎのつるぎ》と呼ばれる）になったということだ。

そして、スサノヲは、ヤマタノオロチを退治したあと、

「八雲立つ　出雲八重垣妻籠《やえがきつまご》みに　八重垣つくる　其の八重垣を」

という日本で最初の和歌を詠んで、生贄《いけにえ》にされようとしていた村人の娘クシナダヒメをめとって、出雲に居を構えた――ざっと、こんな話だ。

神話も伝説も、もとをたどると……

これは多少の差異はあれど、「古事記」にも「日本書紀」にも出てくる話だ。

ところが、わたしに国史を教えてくれた先生は、この話は実際には違う、という。というのは、科学的にいっても、八つの頭を持った蛇などこの世に存在しない。こんな非科学的な話はないので、それは前提からして違うという。

先生いわく、ヤマタノオロチは中国山脈に拠点を持つ八人の鉄の生産者のことである、と。

中国山脈というのは昔から鉱物がたくさん出るところ。ウラニウムまで出るくらいで、とくに良質の砂鉄がこの地方でよく採れた。

砂鉄を採るときには、まずふるいにかけて、砂鉄と砂を分離する。生産者たちは分離した砂を斐伊川の上流から捨てていた。これがどんどん川下に流れて河床を高くして、雨期になると降りそそいだ雨が高い河床から溢れ出て洪水を起こしていた。

そのために下流の村民は迷惑を被っていた。

そこで困った村人が長《おさ》に頼んだら、たまたまスサノヲという乱暴者がいるから、あいつに頼もう、ということになった。川上に行って鉄の生産者をやっつけてくれないか、といったら、よし、やってやろうじゃないかと、スサノヲは勇んで出かけて行った。

ところが、行って話を聞いてみると、川上の鉄の生産者は、川下にそういう被害を起こしているとは知らなかった。スサノヲから訳を聞いて、それはすまなかった、今後は生産を抑制する。と同時に、分離した砂は絶対に流さないので勘弁してほしいといって、お詫びの印に、自分たちが丹精込めてつくった剣が一本あるから、これをおみやげに持って帰ってほしいといった。

こうしてスサノヲは意気揚々と戻ってきた。これがアメノムラクモノツルギとなり、「古事記」や「日本書紀」と同じように、村人の娘クシナダヒメとめでたく結婚した――。

大もとは、おそらくそんな話だよ、とその国史の先生は教えてくれた。いってみれば、神話も伝説も、つまるところ、我々の先人、古代日本の生活者の話なんだよ、ということを教えてくれたわけだ。

天孫降臨――天から神が降りてくるとは？

天孫降臨の話にも同じようなエピソードがある。

高天原にいたアマテラスオオミカミの孫、ニニギノミコト（瓊瓊杵尊）が、人間の祖として下界を治めるべく遣わされたことに始まる。そして、高千穂の峰に降りる。この地が現在の鹿児島県か宮崎県のどこにあるかで意見が分かれているところだが、九州のどこかを指していることは間違いない。

九州に天降ったというのは、実際問題としてどういうことか。先の国史の先生は、では、それを実際に見ようじゃないかとわたしたち生徒を外へ連れ出した。天孫降臨をこの目で見てみようと。

わたしは子どもながらに、そんなバカな、と思って、「どこへ行くんですか」といったら、「品川の海に行こう」という。まだ太平洋戦争の前だから、高い建物はない。だから品川の海に行くと、やや湾曲した形で遠くに水平線が見えた。

そこで先生が、「まず、海の彼方を見ろ。どう見えるか」と聞くので、「空と海がくっついています」といったら「そうだろう」と。だから、天孫降臨というのは、南方の島の住民が、丸木舟に乗って海の彼方から日本にやってきただけの話だ。だいたい、空から人が降りてくるなんてバカなことがあるわけないじゃないか。そんな非科学的なことがあり得るか、というのである。いまにして思えば、戦前の当時としては、思いきったことをいう先生だったようだ。

その後、わたしは長じてから、出雲を何度も訪ねている。出雲大社、あるいはその元になった神魂《かもす》神社は、高床式の建物である。日本の一般的な気候では、平地にお宮をつくるときに床を高くする必要はない。にもかかわらず高床式にしたのは、フィジーなどの南方諸島に行くと全部の家が高床式で、それが影響を与えているのではないかという説があるのだ。

つまり、日本人の源流といわれた人たちは、北方の朝鮮とか中国大陸からだけやって来たのではなくて、南方の人々も相当混ざっているのではないか。そんな人たちが、九州や出雲などに来ていたのではないか、ということだ。

なぜ、そんなことを考えるのかというと、あるとき、わたしは鳥取県の境港《さかいみなと》に講演で呼ばれたことがあった。そこの商工会議所で話をしていたら、一人の人が入ってきて、会頭にちょこちょこっと耳打ちした。そうしたら、聴衆全員が総立ちになって、わたしの講演の途中にもかかわらず、みんなが会場から飛び出して行ってしまった。

わたしも彼らのあとを追ってみたら、日本海をマグロの大群が泳いでいたのだ。海を真っ黒に染めて、猛スピードで北上していた。地元の人たちは慌てて捕まえようとして金網のようなものを広げたが、そんなものを突き破って、どんどん新潟県のほうへ泳いで行った。

それを見たとき、南の海からマグロが来るなら、当然、人間もやって来る。その人間が暮らしていた島の文化や、衣食住に関わりを持つようなものも一緒に伝わってくることもあり得ない話ではない。そう考えてみると、国史の先生がいっていた、空と水平線の間から丸木舟が来たというのも考えられない話ではない、と思ったものだ。

そこで、日本人の源流というのは、北からも南からも、いろいろな人たちが入っているのではないか。そして、それらが神話という形に脚色されて、後世に伝わったのではないか、と考えるようになった。

神話といっても、それはすべて生活者がベースになっていることなのだから、生活者の物語、出来事がいろいろ混じっているということ。さらに、「古事記」や「日本書紀」に書かれているエピソードの中には、朝鮮、中国、もっといえば北欧やギリシャなど、世界各地で見られる伝説などの話も入っている。そのつくられ方が非常に巧みで、当時の博識の人が、それらも上手に取り混ぜて、日本的なものに仕立て直したのだろうということが読み取れるのだ。

ある意図を持って編纂された「日本書紀」

もう一つ、記紀で明らかなのは、「古事記」は伝承や古譚《こたん》といった素材本来が持っているものをあまり変えることなく、ある程度純粋に物語としてまとめているのに対して、「日本書紀」は完全に、ある意図を持って編纂されている、ということだ。

「古事記」はご存じのように、稗田阿礼《ひえだのあれ》という抜群の記憶力を持った巫女《みこ》的な人が、それまで覚えていたことを全部口述し、筆記者として太安万侶《おおのやすまろ》がそれを記録してできあがった本だ。これは純粋な伝承を一冊の本にまとめただけであって、政治的な意図はまったくない。

ところが、これを読んだ朝廷の高級官僚は気に食わない。というのは、天皇親政、つまり、この国の主権者としての正統性をアピールするPRの書になってもいなければ、本の中で天皇を褒め称えてもいない。場合によっては、ちょっと目を覆いたくなる記述もある。そのため、「古事記」は長らくお蔵入りになってしまった。ようやく世の中に出たのが江戸時代になってからだという。

「古事記」をお蔵入りにし、そして、官僚の手による、正しい、というか、もう少し天皇親政の正統性をPRできるような歴史書をつくらないとダメだということで、時の天皇の皇子である舎人親王《とねりしんのう》がプロジェクトチームのリーダーになって、あらためて編纂し直す。

伝承的な話は「古事記」に書かれていることも引き写しはするが、一貫してバックグラウンドになったのは、天皇家の歴史、そして、天皇が日本という国を親政していく、自ら治めていくんだということを強調しよう、というように編集方針が変わっていった。

そのことを一番よく表しているのがヤマトタケル（日本武尊）の扱いだ。

ヤマトタケルの伝説が意味すること

ヤマトタケルは、「古事記」では、ある意味で世界のいろいろな国で似たような話を持っている古代の英雄譚だ。

わたしはこのヤマトタケルというのは、固有名詞にはなっているが、決して一人の皇子の話ではなくて、何人かの皇子を集合代名詞としてシンボル化しているのだろうと思っている。

「古事記」と「日本書紀」で扱いが違うというのは、たとえば次の話だ。

九州のクマソタケル兄弟が朝廷の命に服さないということで、父、十二代の景行《けいこう》天皇が、ヤマトタケル（当時はヲウス）に、九州に行って奴らをこらしめてこい、と命じる。

なぜヤマトタケルが選ばれたかというと、ヤマトタケルの兄・オホウスが天皇とちょっとした問題を起こして、食事の席に顔を出さなくなっていた。そこで天皇がヤマトタケルに確かめに行かせた。ところがヤマトタケルは兄の手足を引きちぎって、捨ててしまった。

それを知った景行天皇は、気性の荒いヤマトタケルを持て余して自分から遠ざけ、九州のクマソの征伐に行けと命じた。場合によっては相討ちになってもかまわないという思いがあったのかもしれない。

ヤマトタケルは九州に遠征し、クマソタケル兄弟を退治した。その際、ヤマトタケルの勇猛さに感心したクマソタケル兄弟の弟が、死に際に、あなたは強い、いま、ヲウスノミコトを名乗っておられるが、今後はヤマトタケルとお名乗りになったらどうですかといい、以後、そう名乗るようになった、となっている。

無事にクマソ征伐をとげて帰ってきたのだが、天皇はヤマトタケルを近くに置いておきたくないから、今度はすぐに東国へ行けと命じる。

疲れているヤマトタケルは、少しゆっくりさせてくださいよ、とお願いするのだが、景行天皇はそれを認めず、すぐに行けという。それで、しかたなく東征へと出発する。

東国へ向かって行ったときに、いくつかの事件があった。

愛知県ではヤマトヒメノミコト（倭姫命）という叔母がいる熱田神宮に寄った。その際、何かあるといけないからと、ここで預かっている神器のうち剣を護身用にと、アメノムラクモノツルギを渡される。

そして、現在の静岡県の焼津に入ると、ヤマトタケルを陥れ、命を奪おうと考えた悪い奴がいた。そいつはヤマトタケルを草むらに誘い込んで、火を放った。たちまち火はヤマトタケルを囲んで絶体絶命のピンチになった。

そのときにヤマトヒメからもらった剣を抜いて、あたりの草を薙《な》ぎ払い、押し寄せる火の群れを切り払って、同時に、もらっていた火打石を打って火をつけると、風向きが変わって、火が悪い奴のほうに行ってやっつけることができた。このことから、この剣を草薙の剣と呼ぶようになった。

さらに東征を続け、現在の東京湾を房総半島に向かって海を渡っていたときのこと。

三浦半島から房総半島へつながる浦賀海峡が当時の官道、フォーマルな道だった。陸ではなく海なのは、隅田川があまりにも広大で氾濫していて、いまの東京のあたりは湿地帯だったため、まともな道がなかったからだ。そのため、いまの浦賀（神奈川県）から向かいの鋸山《のこぎりやま》（千葉県）の麓ぐらいまでの海の道が東海道だった。

ここを渡ろうとしたときに、この地方でめとったオトタチバナヒメ（弟橘媛）と一緒に船に乗っていたら海が怒り狂って暴風になった。海神の怒りだから鎮めなきゃいけないということで、オトタチバナヒメが「わたしが犠牲になります」と海に身を投じたら、波が鎮まって無事に対岸に着くことができた——。

東征の果てに……

わたしは折にふれて国史の先生がいったことを思い出すのだが、神話と生活者の関わりでいうと、おそらくこの海神というのは海賊だったのではないかと思っている。ヤマトタケルとオトタチバナヒメは海賊たちに囲まれて、カネを出せ、でなければ船を沈めるぞ、と脅迫されたときに、オトタチバナヒメは自ら犠牲になって自分の身を海に投じたのではないか。それだけにヤマトタケルの悲しみは深い。

その後は、東国をあちこち征服し、現在の茨城県に行き、群馬県や山梨県あたりにも行って、まつろわぬ（降伏しない）者たちを天皇のステータスゾーンの中に服従させた。その途中、群馬県の高い山に登って、オトタチバナヒメのことを思い出して、「あづまはや（わが妻よ）」と嘆いたなどの伝説もある。そのため、この地（群馬県吾妻郡《あがつま》）を吾妻というようになったといわれる（この地がどこかに関しては諸説あり）。

このようにヤマトタケルに関する伝説とそれに絡む地名は、千葉県や群馬県、山梨県などや、その周辺にいまでも多く残っている。

そして、東征の帰途、長野県を抜けて東海地方に行って、近江の伊吹の山に行く。ここにも悪い奴がいるというので、これを征伐して都の父上への最後の土産にしようと、伊吹の山に登っていく。ところが、山の神である白猪《しろいのしし》が発するオーラ、毒気に吹かれて苦しんで、悶絶してしまう。それを、なんとか薬によってしのいで、伊勢のほうに逃げていく。しかし、無理して走ったため、膝小僧が三重になるほど悪化してしまった。これが三重県の由来だという。

その後、能煩野《のぼの》（三重県）という地にたどり着いたときに、ついに力尽きて、ここで死んでしまった。知らせを聞いた子どもたちが伊勢まであとを追いかけてくる。足を切り、血を流しながら追いかけるが、ついに追いつけずに、たどり着いたときには一羽の白鳥が飛び立っていくところだった、というラストシーンである。

記紀が編まれた時代背景

「古事記」では、この白鳥が飛んで行く先が南の海のほうだ。ところが「日本書紀」では、天皇に忠節を尽くすために都に戻っていく。ところどころでそういう扱いが違うのだ。

また、九州のクマソを征伐して休む間もなく東征に出発するときも、ヤマトタケルは拳々服膺《けんけんふくよう》して、疲れたなどとは口にしないで、勇んで行くことになっている。詔《みことのり》をかしこみて行きます、と。

いってみれば、「古事記」では、野放図《のほうず》な、古代のやんちゃな皇子だったのが、「日本書紀」になると、打って変わって、天皇の忠臣にして、ロイヤリティを尽くす殊勝な人物に姿を変えているわけだ。

ちなみに、ヤマトタケルの物語については、何人ものモデルをシンボル化したものだろうと述べたが、天武天皇の大海人皇子時代の苦労話がずいぶん下敷きになっているのではないかとも思っている。

大海人皇子は兄の天智天皇に憎まれて、命の危険を感じて慌てて吉野に逃げている。父である景行天皇にうとまれて各地に征伐に行かせられるヤマトタケルと重なる部分がある。

また、吉野に隠れ棲《す》んだとき、鸕野皇女《うののおうじょ》という女性が終始行動をともにし、大海人皇子を献身的に支えたわけだ。壬申の乱に勝って天皇に即位したとき、この鸕野皇女を皇后に立てた。これが天武天皇が死んだあとの女帝である持統天皇になるわけだが、この関係がヤマトタケルの東征のところどころで恋仲となった女性たちや、浦賀海峡に飛び込むような愛情、勇気を見せてくれたオトタチバナヒメなどに仮託されているのではないかとも感じる。

「古事記」「日本書紀」ともに、編纂が始まったのは七世紀後半。大化の改新後、当時の中大兄皇子がのちに天智天皇になり（六六八年）、その弟の大海人皇子が天武天皇になる（六七三年）のだが、この天武天皇の代のときに「古事記」と「日本書紀」の編纂が始まっている。

前述したように、とくに「日本書紀」には天武天皇の意思がかなり強くあり、大化の改新以降、中大兄皇子と大海人皇子の二人がおこなおうとした国づくり、その理念や目標に見合うようなＰＲの書をつくったのではないか。そのために、この国を治める天皇家の正統性を裏づける事績を拾い集めたのではないかと思われる。

そう考えると、「古事記」がその後、何百年間もお蔵入りにされていたことにも合点がいく。

第二章　大化の改新
～日本で最初の政治変革事件。その最大の目的は？

大化の改新の真相

大化の改新は、朝廷において実権を握っていた蘇我氏の専横ぶりが目立つようになっていた六四五年、中大兄皇子が中臣鎌足（鎌子）の協力を得ておこなった政変だ。「日本書紀」によれば、二人が中心となって、蘇我入鹿を飛鳥板蓋宮《あすかいたぶきのみや》で暗殺し、その父である蝦夷の屋敷を襲って自殺に追い込んだ。そして、中大兄皇子が皇太子となって実権を握り、天皇を中心とする中央集権体制による律令国家の形成を目指していく。ちなみに律令とは、唐を手本としたもので、律とはいまの刑法、令とは行政法などを指す。

当時、朝鮮半島の百済《くだら》が唐と新羅《しらぎ》の連合軍に滅ぼされるなど、緊迫する東アジア情勢に対抗できる国づくりが求められていた時代背景もあるが、大化の改新の一番の目的は、序章で書いたように、蘇我氏をはじめとする諸豪族が持っていた主権、つまり、人と土地を支配する権利を、天皇の手に取り戻そうという王政復古の意図が大きかった。

中大兄皇子はやがて天智天皇となり（六六八年）、天皇親政による中央集権体制を推進していったが、死後、その後継者をめぐり、天智天皇の弟・大海人皇子と、天皇の息子の大友皇子との間で争乱が起こった。これが六七二年の壬申の乱である。

壬申の乱に勝利した大海人皇子が天武天皇となり、豪族の私有地を取り上げるなど天皇親政をより強化し、律令体制を整えていく。前章でも述べたように、「古事記」や「日本書紀」の編纂が始まったのも天武天皇の時代である（完成は持統天皇の時代）。その後、現在の日本の官僚機構の原点ともいえる律令体制が整ったのが、七〇一年の大宝律令の完成である。

壬申の乱はなぜ起きた？

では、せっかく手に入れた天皇親政を揺るがしかねない壬申の乱が、なぜ天皇家の中で起こったのか。壬申の乱は、天智天皇の後継をめぐる争いだが、そもそもの原因は、中大兄皇子と大海人皇子の兄弟の不和に端を発している。

なぜ、この二人の仲が悪いのかは、いまだによくわからない。万葉歌人であった額田王《ぬかたのおおきみ》という女性をめぐっての恋愛関係のもつれともいわれるが、真偽のほどは定かではない。事実なら〝恋人の奪取〟が〝政権の奪取〟に発展し得るほど、当時は〝ゆとりある時代〟だったのだろうか。

大化の改新が起こったときの天皇は皇極天皇で、孝徳天皇、斉明天皇と続く。このときになぜか大海人皇子は皇極天皇に非常に愛されて、中大兄皇子はあまり愛されなかった。そのため、つぎの孝徳天皇の時代に中大兄皇子がどこか僻《ひが》んでいる向きがあった。

おそらく天智天皇は知に働きすぎて、情の面が欠けていたのだろう。天武天皇のほうは反対に、自らをヤマトタケルに仮託する伝記を書かせるくらいであるから、やんちゃで、浪漫的というか、情の面で慕われやすいものを持っていたのかもしれない。

なぜ大津京に遷都したのか

六六三年、朝鮮半島の旧百済の勢力と共闘して、唐・新羅の連合軍と戦った白村《はくすき》江《え》の戦いが起こった。

これに日本軍は敗れたあと、中大兄皇子は飛鳥にあった都を突然、近江の大津に遷都する（六六七年）。これは、唐と新羅の連合軍が日本に攻めてくるのではないかという恐れがあったため、瀬戸内海からより遠い地に都を移したと、一般にはいわれている。

同時に、九州の大宰府のそばに朝鮮式の城である大野城をつくったり、防人《さきもり》制を敷いて、九州防衛のために人を差し向けた。海から離れた琵琶湖のほとりに移したのは、消極的な防衛上の問題だという説明がされているのだが、わたしは少し違う考えを持っている。

なぜかというと、飛鳥に敵が来るまでには、瀬戸内海を通らなければならず、両側に中国地方、四国、九州北部という陸地が迫っている。

飛鳥に来るまでの防塁になったはずだし、ましてや、海を進んでくる連中を両側から挟み討ちにすれば、十分に防ぎきれると考えられるからだ。

大化の改新では、公地公民制、つまり、地方豪族の課税権や人民支配権を天皇の一手に帰すために、土地と人民は国家所属のものにしなければいけないと考えた。そして、土地は家族の人数に応じて与えるから、そこで耕して得たもので年貢を納めよ、という班田収授《はんでんしゅうじゅ》制ができた。土地の私有は認めないので、富が少数の豪族などに偏ることがない、ある意味で非常に公平な制度ともいえるわけだ。

天皇がそういう政策を行ったというのは、国民に対する責務意識を、ある程度は持っていたということだろう。にもかかわらず、唐と新羅が怖いと、真っ先に逃げ出してしまうということが考えにくいのだ。では、あの遷都はどういうことなのか。

わたしはこう考えている。

大津から真っすぐ日本海に抜けたところにある敦賀《つるが》、小浜《おばま》（ともに福井県）などは、海を挟んで中国大陸、朝鮮半島との距離がもっとも近い地である。つまり、大津に都を移したのは、中国大陸や朝鮮半島に近づけるというのが真の理由だったのではないか。

要は、防衛の基地をより近いところに構えたということだ。国土防衛を太平洋側、瀬戸内海側でおこなうのではなくて、日本海側でやろう、そして日本を守り抜こうと考えた積極的な理由からではなかったか、という気がしている。

近江の国と渡来人

天智天皇は当初、大海人皇子を皇太弟にして、自分の跡継ぎにしようとしていた。しかし、子の大友皇子が長じてくると、わが子かわいさからか、大海人皇子を遠ざけるようになる。

そんなあるとき、病に冒されていた天智天皇は、大海人皇子に皇位を譲りたいと持ちかけた。しかし、大海人皇子は兄の言葉を信じなかった。自分を罠にはめて暗殺しようとしているのだろうと考えた。そのため、いや、わたしはそんな任ではない。それよりもあなたのお子である大友皇子を跡継ぎになさったほうがいい。わたしは出家してあなたの病気が治るよう祈念します、といって、鸕野皇女と一緒に吉野に逃げていった。

大津京ができたときに、天智天皇の即位の祝いの式典が行われた。そこに、大海人皇子が急きょやってきて、その舞台に槍を突き立てて、天智天皇に食ってかかったといわれている。これがなぜなのかよくわからない。多くの説は、前述した額田王との問題だというが、そんな理由だけではないだろう。

当時、近江の国には、敦賀、越前方面から相当の渡来人が入り込んできていた。そのため、いまの滋賀県内には渡来人に関わりを持つ地名や記念碑が多い。

近江が良質な鉄の産地であったことに加え、最新の技術を持つ渡来人が多く住んでいたことと合わせて、当時の近江は最新の武器の生産地であり、一種の軍事拠点のような地だったと思われる。

そんな土地をどちらが先に押さえるかということで、大海人皇子が急きょ近江に駆けつけたのではないか。つまり、戦争そのもの、乱そのものの支配力、最新の武器を確保することを争った対立が、二人の兄弟の不和の大きな原因だったのではないかとわたしは見ている。

やや余談になるが、渡来人関連の話でいえば、同じ近畿の奈良も関係が深い。奈良という地名からしても、朝鮮人がウリナラというときは、わが祖国ということで、ナラは祖国という意味だ。

ほかにも、日本の建国のプロセスをたどっていくと、朝鮮から来た人たちがずいぶん国づくりに関与、貢献していた形跡がある。さらに、朝鮮ばかりでなく、中国大陸から来た人もいろいろ関与している。

そして興味深いのは、日本の国づくりの過程、あるいは奈良朝、平安朝においてもそうだが、中国大陸や、朝鮮半島の中でいくつかの国に分かれて激しい争いをしていた人たちが、日本に渡ってきたあと、それまでの対立の気配が一切なくなっていることだ。とくに朝鮮半島で争っていた高麗《こうらい》、新羅、百済の人たちが、日本ではみんな仲良く暮らしているのだ。

朝鮮半島では敵同士だったのに、日本へ渡って来るとともに仲良く暮らしていく。たとえば埼玉県に高麗郡や新羅郡（現在の新座市や志木市あたりといわれる）がおかれていた渡来系の人に由来する地域があるが、その地域同士で争った歴史もない。互いに協力して、持っている先進技術（土木・農業など）を日本のために活用してくれている。千何百年もの間、仲良くやっているわけだ。

これはわたしの勝手な歴史観だが、日本の国土というのは、聖徳太子のいう「和をもって貴し」とさせる何かがあるのではないかと思っている。国柄というか、国の気風というか、国やその山河が発するオーラなのかわからないが、対立をやめさせ、みんなが平和に暮らすように仕向ける何かをこの国は持っているのではないか。

これは古代史の中で、あるいは日本の歴史の中で、日本の特性、特質として大いに主張してもいいことではないかと思っている。

天武天皇の専制政治

天智天皇の死後、壬申の乱に勝利した大海人皇子が天武天皇になって行ったことは、天智天皇以上の専制であった。大化の改新で、豪族が持っている主権を天皇の手に返すということで公地公民をやるのだが、これは天武天皇になってから遍《あまね》くやられた。それだけ天武天皇は、天皇の支配権というものを大きく、強くしようとしていたということだ。

これはいまの言葉を使うと、地方自治の否定でもある。中央集権国家をつくろうとして、天智天皇のときにそのならし作業をやって、天武天皇のときにかなり強化拡充していった。つまり、公地公民という制度によって土地の配分は公平に見えるが、そのじつは支配権を拡大しようということであって、すべて天皇親政の支配下にある、ということでもある。

そこで繰り返しになるが、天皇家がいかに日本の主権者として正統なものであるかをPRするために「日本書紀」を編纂させた。「古事記」ではそのPR色が弱い。そのため、あらためて「日本書紀」を編纂させたという経緯は、これまで説明してきたとおりだ。

ちなみに、そのころの一般庶民、農民の生活というのはどうだったのかというと、可処分所得はほとんどない状態だった。つまり、生きていくだけで精いっぱいで、暮らしを楽しむ余裕などまったくなかった。

納税も現物納だ。それも、奈良や京都へ、担いだり、車を引いたりして、自分で届けなければならない。現代のように宅配便や郵便で送るわけにいかない。しかも、届ける間に強盗に取られたり、あるいは、帰りに拉致されて貴族の奴隷として働かされたりする。北九州の沿岸を守る防人なども、みんなそういう人たちだった。しかも、いったん赴いたら、まず二度と故郷へは帰れない。

そういうことを考えると、人権というのはまったく認められていなかった。武士がまだ存在しない時代、天皇家とそのまわりの貴族、豪族たちだけが、人間的な生活ができていた時代だ。

藤原家の台頭と主権の移動

しかし、この天皇親政はそれほど長くは続かなかった。

天皇に主権を取り戻すきっかけとなった大化の改新の功労者に、中大兄皇子の側近だった中臣鎌足がいた。彼は大化の改新当時は、蘇我氏などに比べて力がある豪族ではなかった。天皇親政の後押しをして、自分たちの地位を高めようという意識もあっただろう。実際、大化の改新を機に力をつけ、藤原姓を賜り、その後の中世における藤原氏全盛の足場をつくっていくことになる。

鎌足を仏として祀った興福寺をつくり、また同じく鎌足を祀ったお宮である春日大社を興して、鎌足を仏であり神であると誇示したことは序章でも触れた。また、大化の改新が天皇親政による律令国家の形成を目指したものだと述べたが、現在の日本の官僚機構の原点ともいえる律令体制が整ったのは、七〇一年の大宝律令の完成をもってといえる。

その大宝律令の編纂に携わったのは、天武天皇の子である刑部《おさかべ》親王と、藤原鎌足の子・不比等だった。さらに七一八年には、不比等が中心となって養老律令を完成させたといわれる。つまり、大化の改新で天皇に引き上げられた主権が、わずか数十年の間に事実上、貴族である藤原氏に下りてきたのである。

第三章　源平の戦い
～武士社会の本格的な到来が意味すること

藤原氏による貴族主権社会

大化の改新以降、中臣鎌足が藤原鎌足となって藤原氏の祖となり、子の不比等は娘を天皇に嫁がせるなど、天皇家との結びつきを強めたことで、藤原氏がみるみる力をつけていった。

その後、他家の政敵との闘争を繰り広げながら、ついには追い落として、藤原氏全盛の時代を迎える。

平安時代に入ると、不比等の四人の子がそれぞれ立てた南家・北家・式家・京家の四家内の対立が起こる。その中から北家が抜きん出て、以降、藤原北家が主権を握る貴族社会が続いていくことになる。

藤原家が実権を握った政治を摂関政治という。摂関とは摂政と関白の略だ。天皇が幼少の場合などに、代わって政務を取り仕切るのが摂政、成人した天皇に代わって政務を行うのが関白。藤原氏は天皇との外戚関係を利用して、摂政・関白となって実権を握り続けた。

その頂点は何といっても藤原道長だろう。道長は一〇一六年に摂政に任じられる。そして、かの有名な、

「この世をば　わが世とぞ思う　望月の　欠けたることも　なしと思えば」

という思い上がりの歌をつくるくらい、藤原氏は栄耀《えいよう》栄華を謳歌した。道長がこんな歌をつくれたのは、

・日本全国の土地を〝荘園《しょうえん》〟といって、ほとんど藤原一族が支配したこと。

・地方からの税もほとんど独占し、これを資金に、唐（中国）風文化を和（日本）風文化に変えることに狂奔したこと。

・衣食住すべての文化化を急ぎ、かつてない豪華なものになったこと。

などが理由だ。しかし、それは藤原一族を主とする貴族に限られた文化生活であって、都の庶民や地方の住民にはまったく関わりがなく、両者の距離は空前の広がりを見せていった。

そもそもの武士の興り

しかし、そんな貴族社会の中で、貴族でも農民でもない、新しい身分というか、立場・役割の人間が生まれてくる。武士である。

武士は、もともとは農民の自衛手段の中から興《おこ》った。

大化の改新によって始まった公地公民の原則が奈良時代ごろから崩れ始め、土地の私有が認められるようになってきた。やがてそれらがまとまって荘園となる。

荘園の領主は、荘園内の人民に対する支配権まで持つようになる。つまり、土地と、その土地に住む人間の私有化がどんどん進行していったのだ。

そうなると、土地の境界をめぐってのトラブルだとか、奪い合いとか、いろいろな揉め事が頻繁に起こってくる。その対策、自衛のための武装化が始まった。こうして武士が生まれてきた。

さらに血縁・地縁などで結びついた武士たちが武士団をつくり、武士団同士がまとまったり、より力の強い武士団の配下についたりして大武士団になっていく。

その大武士団の棟梁には、貴種尊重の気風から、中央から地方に移り住んでいた天皇家の末裔《まつえい》が選ばれる。その代表が、桓武平氏や清和源氏だ。

将門の乱が起こった背景

とはいえ、新たに興った武士がすぐに力を持ったわけではなかった。それまでは農民が貴族の僕《しもべ》のような扱われ方をしていたのが、武士が興ってくると、今度は彼らがその立場になった。

貴族社会における、ドロドロ、ネチネチした派閥抗争、権力争いの中で、生命、財産を狙われる危険性が出てきたため、番犬としての武士の活用を考えた。番犬にはインテリジェンスはいらない。ただ主人に忠節を尽くして、雨の日も雪の日も門の外に立って自分たちを守ってくれればいい。とくに東国の武士がこういう条件を満たしていたので、注目され、動員されるようになったわけだ。番犬としての勤務年限は六年などと決められて、アゴアシは自分持ちで、ロクな給料も与えられないで、任期満了まできっちり務めさせられる。

しかも、公家のある家で任期満了になって解放されたと思うと、今度はそれよりもランクの低い貴族が捕まえて、今度は俺の家でやれとなる。そういうことを五〇年も六〇年もやらされて、最後は野たれ死にしてしまう。それが貴族社会全盛の当時は義務づけられていた。拒むと、それぞれの地方の支配者である守や介《すけ》、掾《じょう》、目《さかん》といった連中からこっぴどい罰を受けることになる。

京都から来ている守などの藤原一族、そしてその下の介（これは現地採用もあったが）などには、地方自治という観念はまったくない。あくまで中央集権の一翼、一つの補完機能として位置づけられていた。数は少ないが背後に都の力が存在する。そのため、異論を唱えて抵抗することなく、武士たちは唯々諾々として都に行っていたのだ。

貴族社会に与えた大きな衝撃

しかし、しだいに武士が集団化して力をつけてくると、もともと理不尽な扱いのため、だんだん中央のいうことを聞かなくなってくる。命令が下されても都に行かなければ、現地の守、介、掾、目といった支配者は自分の責任になるから、武士たちを無理にでも従わせようとする。そこで、地方で武士たちの反乱が起こる。その大規模な反乱が、東では陸の平将門の乱（承平《じょうへい》の乱。九三五〜九四〇年）となる。

将門は反乱を起こしただけではなくて、日本の国に天皇は一人でなくてもいいという思想を持っていた。京都にいるのは西の天皇で、東にもいていいではないかということで、岩井（現在の茨城県坂東市）に東の御門《みかど》という皇居をつくり、自分を新皇と称するようになる。

しかし、将門の乱はあえなく失敗に終わる。

将門自身にもっと教養があって、東国自治を確立しようという政治理念、戦略・戦術があればよかったのだが、集まっていたのが都から追放されたトラブルメーカーばかりだったため、謀反人というレッテルを貼られてしまった。武士による貴族社会への抵抗であったのだが、結局は同じ武士である平貞盛や藤原秀郷らに制圧されてしまう。ちなみに、そのすぐあとに起こった藤原純友の乱（天慶《てんぎょう》の乱。九三九～九四一年）も、制圧したのは武士たちだ。

制圧されたとはいえ、この二つの乱は、それまで番犬扱いされていた地方武士たちが中央に反旗を翻し、武力蜂起したことで、貴族社会に大きな衝撃を与えるとともに、いまは武士の力を借りなければ問題を解決できない、ということを露呈した事件となった。

ちなみに、東国の武士が勇猛で強かった理由の一つに、馬を武器にしていたことが挙げられる。当時、農耕目的であったり、荷物運びに使われていた馬を、人間が乗って弓を射たりする武器にしたというのは、西のほうには見られない、東国武士の特徴だ。平将門はそれをうまく活用したのだ。

もともと古代から、北関東の群馬あたりから東北にかけては、馬の一大産地だったといわれる。

保元の乱と平治の乱

藤原道長を頂点に長らく藤原氏による貴族政治が続いてきたが、天皇家との関係が途絶えるときがくる。

藤原氏を外戚としない後三条天皇が即位したのが一〇六八年。さらにその子である白河天皇の代になって、皇位を幼い息子に譲位して、自らは上皇となって実権を握るようになる。院政の始まりだ。

それ以前にも、藤原氏から実権を取り戻し、王政復古を実現しようという動きは何度かあり、一〇世紀前半の醍醐・村上天皇による短期間の天皇親政が行われたことはあった。しかし、結局は藤原氏に実権が戻っていた。だが、今回は違った。

院政においても、院や上皇たちの警備、また、荘園などのトラブル解決のために武士の力を利用した。

そのようにして武士が中央政治の世界に入り込んでいった。貴族が落ちたところに、入れ替わるように武士が上がっていったのだ。

平将門の乱のあと、東北地方で起こった乱（前九年の役、一〇五一～一〇六二年。後三年の役、一〇八三～一〇八七年）でも主役となったのは武士たちだ。

前九年、後三年の役の功績で、源氏が天皇・摂関家に引き立てられて中央で力をつけていったのに対して、ライバルの平氏は、のちに上皇に重用されることで台頭していく。

そんな中、天皇の後継争いに、藤原氏、源氏、平氏内部それぞれの権力争いが加わって起こったのが、保元の乱（一一五六年）である。そして、保元の乱の勝者側であった平清盛と源義朝との間で、乱後の処遇の不満から、義朝が挙兵したのが平治の乱（一一五九年）である。

保元・平治の乱そのものは数百人程度の衝突であって、乱としての規模は決して大きくない。当時の日本の推定人口は一千万人足らずだというから、それから推しても何万などという兵数は想像できない。だが、閉鎖社会であった京都という狭い地で、それだけの軍勢がぶつかり合ったということはいままでなかった。武士というものの底力を目《ま》の当たりにして、朝廷が彼らの存在を認めざるを得なくなった、大きな事件になる。

それまで天皇と貴族の社会だったところに、武士がしっかり割り込んできた。それは番犬から人間としての扱いになってきたということでもある。

吉川英治氏の『新平家物語』の中に、平清盛の父・忠盛が御所内に入り込んでいったときに、貴族に寄ってたかっていびられ、屈辱を味わうシーンがある。それは逆にいえば、武士自身の一人ひとりが自分の人格、基本的人権というものに目覚め始めたということだろう。俺は犬じゃない、人間だ、という主張が出てきたということだ。

平氏政権はなぜ短命だったのか

平治の乱に勝利し、後白河上皇のバックアップを得て、平清盛はたちまち権力の中枢に入り込む。

ここに初めて、武家が実権を握った平氏政権が誕生する。

しかし、平氏は、もともとは東国武士でありながら、政権、主権を握ったとたん、京都に入り込んでしまった。京都に入り込んで何が起こったかというと、貴族化してしまったのだ。清盛の父・忠盛は東国の出身だが、清盛本人は京都に生まれている。しかも、天皇の落とし子ではないかともいわれていた。そのため、根っからの京都人であった。必然的に、貴族化せざるを得なかった面もあるだろう。

清盛は武士では初めて太政大臣に任命される。また、藤原氏と同じように、義妹を天皇に嫁がせるなど外戚関係を結んだ。さらに清盛は、院政を廃止し、独裁体制をつくる。全国にあった、守・介・掾・目という地方行政の主要ポストを平家一族で占めてしまう。「平氏に非ざれば人に非ず」という有名な台詞は、藤原道長の「この世をば　我が世とぞ思う　望月の　欠けたることも　なしと思えば」と同じ発想だ。

そのため、全国の武士から猛反発が起こり、清盛を引き立てていた後白河法皇とも対立することになる。

平氏政権というのは、その後の足利政権や徳川政権にもいえるのだが、そのときの主権者のためだけの政府だ。ほかの人のことは何も考えていない。とくに民衆のことなど念頭にない。平家繁栄のための政府であり、全国支配機関だった。その意味では〝政治の私有化〟だといえる。ということは〝主権の私有化〟である。

打倒平家の世論の高まり

平清盛は、政権を完全に私物化してしまった。

そのころには、朝廷の中で不満を持っている貴族もたくさんいた。彼らは頼朝の蜂起《ほうき》、反乱を期待していた。

全国の武士の間でも、不満が高まっていた。平氏政権というのは、武士でありながら、御所の番犬レベルだった待遇の改善をいつまでたってもおこなってくれない。結果的には、平氏が貴族に取って代わって、相変わらず全国の武士を番犬扱いしているのと同じではないか、という不満だ。

さらに、このころには〝一所懸命〟という武士の土地至上主義の価値観を安堵《あんど》してくれなくなっていた。つまり、平氏政権の恣意《しい》によって取り上げたり、再配分したり、あるいはもっといえば、賄賂《わいろ》を持っていったり、お世辞をいったりする者に多く与えてしまう。武功が評価のものさしにならなくなり、身内優先の不公平な配分がまかり通っていた。

平氏打倒は、日本中でジワジワと世論として高まっていた。

源頼朝の捲土重来

そこで、平氏に代わるべき人物を期待する空気が自然発生的に生まれてきた。日本の政権を担うのは、貴種尊重の気風から、源平藤橘《げんぺいとうきつ》、つまり、源氏か、平氏か、藤原氏か、橘《たちばな》氏か、といわれていたが、藤原氏は完全に貴族化しているし、橘家はとっくに滅びてしまっているから、源氏か平氏という、政権交代論のような不文律があり、源氏に対する期待が高まる。そして、清盛に幽閉されていた後白河法皇の子・以仁王《もちひとおう》の呼びかけに応じて、源氏は挙兵する。

しかし、時期尚早だったのだろう。平氏打倒の世論があったことは事実だが、そうかといって、のちの「いざ鎌倉」の合言葉とともに御家人たちが馳せ参ずるような、行動を伴うまでの強力な世論ではなかった。

源頼朝は石橋山の合戦（一一八〇年）に大敗して、ほうほうの体《てい》で房総半島に逃げのび、鎌倉に拠点を置いて体制を立て直し、捲土重来を期す。

そして、静岡県の富士川で再度、源平は戦火を交える。このときに、平惟盛《これもり》が三万の大軍を差し向けてきた。しかし、頼朝軍はこれを退けて勝利する。この戦いのとき、仕掛けかどうかわからないが、川岸の鳥がいきなり一斉に飛び立ったことで、平氏軍は泡を食って逃げていったといわれている。

この勢いに乗じて、平氏打倒に猛然と動いたのが木曽義仲だ。義仲も冷遇されていた源氏の流れなのだが、いまの木曽福島（現在の長野県木曽郡）あたりから立ち上がって、朝日将軍といわれるような勢いで、倶利加羅谷《くりからだに》で牛の角に松明《たいまつ》をつけるといったようなゲリラ戦で京都に攻め上った。京都にいた平氏はみんな恐れをなして逃げ出した。そして、遷都して兵庫県福原に移った。

しかし、武士が京都に入ると堕落する歴史は、ここでも繰り返される。義仲は、日本一の大天狗といわれた後白河法皇に骨抜きにされた。武士の原点を忘れ、京都の生活に浮かれてしまい、贅沢暮らしにおぼれてしまったのだ。

平和な市民生活を送っているときはいいのだが、政治に絡んで権力などに関わってくるときの京都は、一種の魔性の都のようだ。えもいわれぬ悪魔的な作用をする。これは、支配者がいなかった平和な都である京都の持つ、自己防衛的な一種のオーラによるものではないかとわたしは思っている。魔力によって域外から入ってきた新興成り上がり者を骨抜きにしてしまう。木曽義仲もそれにやられてしまった。

とくに武士にとっては魔の都で、京都に拠点を定めると、必ず貴族化してしまうのだ。生活様式に始まって、しまいには精神までが貴族的になっていく。京都に行かなかったのは源頼朝、徳川家康で、鎌倉政権と江戸政権は純粋に京都と距離を置いた政権であった。そのため、少なくとも初代のうちは、武家政権としての原点、初心を貫けた。

源平の戦いと平家滅亡

やがて義仲は、後白河法皇と対立し始め、後白河法皇は頼朝に義仲征伐の命を下す。

頼朝という人間は、自分の勢力の見通しがついて、勝利の確信が持てるというときまでは鎌倉から一歩も動かない。最初に平氏が攻めてきたときも彼は鎌倉から動いていない。そして、義仲追討の際も自分では動かず、弟の源義経と範頼《のりより》を行かせた。そして義経らに追われた義仲は、近江粟津（滋賀県）で馬が泥田に足を突っ込んで落馬して死んでしまう。

余談だが、この木曽義仲を江戸時代、元禄の俳聖・松尾芭蕉がなぜかこよなく愛している。芭蕉が死ぬときに、遺言として「わしの墓は義仲様と並べるか、あるいは背中合わせにしてくれ」と頼んでいる。

大津市の義仲寺《ぎちゅうじ》には、実際にはちょっと離れてしまったが、義仲と芭蕉の墓がある。「木曽殿と　背中合わせの　寒さかな」と、門人の又玄《ゆうげん》が詠んでいる。

義仲が滅びたあと、本格的に平家追討が始まる。このときに一番活躍したのは義経だ。

義経が編成している組織を見ると、一種のタスクホースであり、一時的なプロジェクトチームである。平氏討滅、あるいは木曽義仲討滅など、目的がはっきりしているときに編成された、弁慶をはじめとする家臣団というのは、ほとんどが胡乱《うろん》な者たちであって、正統な武士団ではない。だが、それぞれが一つの特別技能を持っている技能集団だ。

義経がやったことというのは、すべてのちに楠木正成がやるようなゲリラ戦法だ。ゲリラ戦法なのだが、諜報戦《ちょうほうせん》によって相手の状況をよく把握し、合戦を行う地理、地形、そして天候までも踏まえて戦い方を決めていた。

有名な鵯越《ひよどりごえ》や屋島の戦い、そして壇ノ浦の合戦にしても、自然条件を非常にうまく利用している。

新説・壇ノ浦の合戦

最終的に平氏を滅ぼした壇ノ浦の合戦（一一八五年）について、ちょっとおもしろい説がある。

福岡県の門司《もじ》に行ったときのこと。門司市の観光協会の関係者の話によると、関門海峡にはよくイルカが来るらしい。ただ、地元で漁をする漁民の間には言い伝えがあって、イルカが船の底にくっつくと、その船は沈んでしまうという。そして、その観光協会の方が「壇ノ浦の合戦も、それだったんですよ」というのだ。平氏たちの船の底にイルカがくっついたために、海上での形勢が逆転し、平氏は滅ぼされてしまったという。

壇ノ浦の合戦では、当初、水軍の活用に長《た》けた平氏軍が、海の戦いに慣れていない源氏軍に対して、有利に戦いを進めていた。しかし、潮の流れが急変して、義経軍に有利に傾き、一気に形勢が逆転した、ということになっている。

しかし、わたしはその説にはちょっと疑問があった。潮の流れが急変して逆に流れ出したというのだが、その流れに乗っているのは源氏の船だけではなくて、平家も同じだ。だとすると、お互い何ノットという船の速さは変わらないのだから、義経だけが有利になるものだろうか、と思っていた。

義経はゲリラ戦が得意だから、敵を攻撃するときに、乗組員を狙うより、櫂《かい》を握っている船の操り手を重点的に殺せばいい。そうすれば、船はクルクル回って先に進めなくなる。だからわたしは、義経は舵《かじ》の取り手ばかりを狙い討ちしたのではないか、それが壇ノ浦の合戦の勝因だったのではないかと思っていた。

ところが、観光協会の方いわく、イルカのせいだと。実際、門司には有田焼のモザイクで、幅四〇メートルぐらいの壇ノ浦の合戦の壁画というのがあるのだが、そこにもちゃんとイルカが描かれている。真偽のほどはわからないが、これはなかなかおもしろい説だと思っている。

なぜ義経は頼朝に嫌われたのか

平氏を滅亡させて、凱旋将軍として意気揚々と義経が引き揚げてきた。総大将の頼朝に戦勝報告をするのだが、これは後白河法皇の策略か、鎌倉には直接行かない。京都から報告書を出している。

頼朝はこれにカチンときた。一つは、今後、自分が築く鎌倉政権においては、棟梁制を敷くということ。その棟梁は長子相続制を念頭に置いていたので、これを行ううえでは、弟であっても肉親という立場を離れて、主人として仰がなければならない。忠誠心、ロイヤリティを持たなければならないという信念を持っていた。しかし、頼朝はそれをきっちり説明しない。いわなくてもわかるだろうくらいに思っていたから、義経には伝わっていなかった。

一方、檀ノ浦のもう一方の大将・源範頼には、側近に梶原景時《かじわらかげとき》らがついていたため、頼朝の心のうちを十分に理解していた。

梶原景時はもともと頼朝を洞穴の中から救った恩人で、それだけ頼朝に近い存在だったから、頼朝のことは以心伝心でわかる。だから梶原は範頼に頼朝の真意を教えたわけだ。

頼朝はまた、壇ノ浦の合戦も、範頼の功績だと思い込んでいたところがある。梶原の報告書がそうなっていたからだ。

こうなってくると、いままでの平氏政権までは、身内だったり、お世辞をいったり、腹にもないことをいっていれば、出世できたし、多くの領地をもらえたりしたのだが、それが通用しなくなってきた。つまり、組織内における人間関係、肉親関係にも、それまでとは違った様相が出てきた。これが義経の不幸の始まりだった。

それを見ていて、ちゃちゃを入れたり、煽ったり、足を引っ張ったりして、源氏たちをかき乱していたのが、天下一の大天狗といわれた後白河法皇である。天狗というのは人をたぶらかす悪魔といったほどの意味だ。

そんな後白河法皇だが、わたしが彼を憎めないのは、『梁塵秘抄《りょうじんひしょう》』を編んでいることだ。これは、当時の民衆が歌っている、いまでいうカラオケソングを、一つの歌集に編んだものである。御所内に白拍子《しらびょうし》や遊女の類まで呼び込んで、いま、どういう歌が流行っているのか、どういう意味なのか、ここで実演してみろ、などとやりながら、民衆の生活や文化を理解しようとしている。

こういうことをやったのは、三国志の曹操と同じだ。その意味では非常に人間味のある人物でもあるのだ。ちなみに、『梁塵秘抄』はわたしの座右の書であり、酔っ払うとつい口ずさむような歌がたくさんある。

武家主権社会の確立

意気揚々と京都に凱旋してきた義経は、後白河法皇に操られて、舞い上がってしまった。頼朝が義経を嫌うようになった理由に、木曽義仲と同じように、京都在住によって京都の持つ魔のオーラに取り込まれてしまったこともある。日常生活が完全に貴族化してしまった。頼朝から見ると、これは東国の武士の原点、初心を忘れ去ったものと断ぜざるを得ない。

頼朝の怒りを知った義経は、慌てて鎌倉まで行って弁解しようとするのだが、近くの腰越《こしごえ》まで来ても、頼朝はそこから鎌倉へ入ることを許さなかった。義経が書いた嘆願書も読まない。

代わって嘆願書を読んだのは、大江広元《おおえひろもと》と三善康信《みよしやすのぶ》の二人。彼らは鎌倉幕府樹立の功労者で、幕府の主要ポスト、いまでいう総務省と財務省の大臣になっているのだが、彼らも義経を庇《かば》わない。

二人はもともと京都から来た下級公家なのだが、鎌倉幕府樹立者たちには一つの理念があった。鎌倉政権は純粋に東国武士のスピリット、初心を保つべき政府であって、絶対に京都化しない、公家化しないということで、拠点を東国、鎌倉から動かさない。絶対に京都には行かせない。自分たちも行かないという信念を持っていた。平家の堕落ぶりを見ていた二人は、あるべき武士の姿というのは、こういうものなのだと認識し、支持した。

結局、彼ら二人が考えて、頼朝が実行したのが「御恩と奉公」の制度だ。御恩というのは、土地至上主義を持っている関東地方の下級武士に対して小さな領地を安《あん》堵《ど》してやる。土地を安堵するということは、それを耕している農民もいるのだから、土地と人の支配権を与える。これが一所懸命の思想だ。

その代わり、それを与えてくれている鎌倉政権に何かあったときには、「いざ鎌倉」の合言葉とともに、すぐ武器を取って防衛のために駆けつけなさい、と。これが奉公である。それが鎌倉政権の基盤になっていた。

武士の原点を見失う

しかし、源氏政権は、幕府を開いてわずか三〇年弱で終わってしまう。

一一九九年に頼朝が死んだのち、その子の二代将軍・頼家が暗殺され、その弟・実朝が三代将軍になるも、頼家の子・公暁《くぎょう》に暗殺される。すぐに公暁自身も討ち取られてしまい、頼朝の血統は三代で途絶えてしまった。

じつは頼家も実朝も、鎌倉にいながら、その生活ぶりは完全に貴族化していた。『金槐《きんかい》和歌集』は実朝の歌集で、彼は将軍としてより歌人として後世に名をとどめているくらいだ。

『金槐和歌集』には、わたしの好きな「箱根路を　わが越え来れば　伊豆の海や沖の小島に　波の寄る見ゆ」という名歌があって、それを読むにつけ、実朝はとてもいい人なんだろうなと思う。が、武士の原点を重視する父・頼朝は気に食わない。それ以上に、頼朝の妻で、実朝の母親である北条政子は気に食わない。むしろ、政子のほうが頼朝以上に京都を嫌っていた。これは、頼朝がよく京都の女性にちょっかいを出していたこともあったからだ。

北条執権政治への移行

頼朝の血統が途絶えた直後、妻・政子の実家である北条家が執権（将軍の補佐役）として実権を握る。北条家は、源氏の血筋を引く武家ではない、もともとは伊豆の一豪族だ。だから北条家が実権を握ることに不満を持つ御家人も少なからずいた。

そんな空気を察して、これはチャンスとばかりに、後白河法皇の孫の後鳥羽上皇が、朝廷に主権を戻すべく幕府打倒の兵を挙げた。承久の乱である（一二二一年）。

このときに、夫の死後、尼になっていた北条政子が、鎌倉幕府の御家人たちを前にしてぶったのが、かの有名な演説である。

いわく、あなた方はかつて六年の任期をもってアゴアシ自分持ちで都へ上って、その期間というものは、貴族化した平家の番犬をしなければならなかった。それをわが夫・頼朝がまず三年に減らした。いまはほとんどないに等しい。これは御恩の一つではないのか。しかし、それをわかりながらも、いまは京都の味方をしたいというならば、まずこのわたしを殺してから行け、といった趣旨だ。

その結果、御家人たちは鎌倉幕府側につくことで結束し、上皇軍を打ち破り、後鳥羽上皇らを島流しにしてしまう。

その後、執権として実権を握る北条側が打った手は、貴種尊重の気風から自分たち北条家が将軍になることは世間が許さない。そこで、藤原一族の九条家の公家の二、三歳の小さな子どもを、赤ん坊将軍とした。そして、補佐役として北条家が執権職に就いて、鎌倉幕府を存続させていくシステムを構築した。

一〇〇年の執権政治の中で

北条執権は十五代続くのだが、その中でも、名執権といわれた人が何人かいる。三代執権の北条泰時や、五代の時頼、時頼の子で八代の時宗などだ。

「貞永式目（御成敗式目《ごせいばいしきもく》）」を制定したのは三代の泰時で、日本で最初の武家社会の法律だ。これがのちに徳川家康がつくった「武家諸法度」のルーツになり、このあと、長く続く武家主権社会に大きな影響を与えることになる。

時頼は御家人の実態を自分の目で確かめようとして諸国をいろいろ回ったときに、「鉢の木」の話などの逸話が生まれる。

「鉢の木」の話は謡曲にもなっているが、テーマは時頼が貧困化した地方武士を救済するというものだ。地方武士はまだ「大番」といって都の貴族の番犬にされていた。これは鎌倉幕府の力でも全廃できなかった。そのため地方武士がひどく貧困化していた。

時頼は思いきってこの番犬制度を縮小した。勤務する武士の範囲も都に近い地域に限った。これで東国は解放された。また、時頼は地方武士からの訴訟裁判をスピードアップした。彼が名執権と呼ばれたのは、「中央にきびしく、地方にやさしく」という政策を展開したためである。

北条執権の中でもわたしが一番関心を持つのは、八代・時宗だ。時宗のときに元《げん》（旧モンゴル帝国）が、いまの北朝鮮に領土を持つ高句麗《こうくり》軍を率いて襲ってきた。これが元寇だ（文永の役・一二七四年。弘安の役・一二八一年）。これは神風が吹いて撃退したことになっている。たしかに、そのときの気象状況が幸運をもたらしたのだろうが、時宗はこのとき、全国の御家人に檄を飛ばしている。それは、

「各々方《おのおのがた》はいま一所懸命の価値観によってお暮らしになっているけれども、いまは自分の土地だけに沈めんしておられる状況ではない。日本国あげて心を合わせなければ敵を防げない状況がいま起こっている。この際、個人の欲を捨てて、大きな国益のために参集してほしい」

という、日本国民として力を集結させようという呼びかけだ。この呼びかけの言葉がわたしはとても好きだ。危機的状況の中では、私的利益追求よりも国益を第一

に考えよう、ということだ。

同時に彼がここでいったのは、武士というのは護民官ではないのかということである。武器を持っていない民衆を守るためにも、武器を持つ武士が率先して元軍を防ぐべきではないのか、と。この檄も非常にいい。何かあったときに日本人みんなが心を合わせて、自分の役割をまっとうして、難問に立ち向かおうという精神に心を打たれる。

これは、幕末の心ある人たちが叫んだのと同じだ。島津《しまづ》斉彬《なりあきら》が日の丸の旗を日本の国旗にしようとして、薩摩藩がまず軍艦に掲げたこと。また、勝海舟が元治元年九月十一日の夜、大阪の宿屋で西郷隆盛に説いたのも、これに近い。

勝いわく、江戸幕府というのは、徳川将軍家の私的政府だ。私的政府だから、あれは国民のための政府ではないので、政体を国民のために変えなければいけない。そのためには四面海に囲まれた日本は海軍を強くしなければいけない。しかし、その海軍も江戸幕府の海軍、あるいは島津家の海軍、鍋島家の海軍だといっていたのではダメで、日本国の海軍にアウフヘーベン（止揚）しなければいけない、というような趣旨だ。

そういった精神のルーツが、時宗のこのときの宣言にあったのではないか。そういうつながりでわたしは考えている。

地方に土着化する源氏の末裔たち

そんな北条執権政治だが、十四代・北条高時のころには、北条政子が最初に考えた原点、初心から大きく外れ出した。

北条政子が考えた鎌倉政権のありようというのは、名目上はあくまでも征夷大将軍を立てて、その補佐機関として執権を置くのだが、それはどんな赤ちゃん将軍であろうと、征夷大将軍を補佐するという役割を担わなければいけないという理念が一つ。

そして、鎌倉政権の原点、初心は東国武士のスピリットである質実剛健の精神を保ち続けようということだ。「いざ鎌倉」となったときの守るべき対象というのは、北条家ではない。たしかに実質的に安堵したりするのは北条家だけれども、御恩は征夷大将軍から得ているのだという仕組みの正しい理解は失ってはいけない、という思いがあった。

高時になって、これが二つとも失われてしまった。北条執権政府が事実上、征夷大将軍を乗り越えて、その現実を拠り所にしてしまった。そのために、高時の暮らしぶりが征夷大将軍的な権力者のそれに変わっていた。同時に、これまでの武士の堕落と同じように、京都化、貴族化した。蹴鞠《けまり》や闘鶏《とうけい》といったものに興じるようになってしまったのだ。

北条執権政府が一〇〇年あまり続いていく中で、正統な源氏の流れは、地方に埋もれていった。常陸《ひたち》（茨城県）でいえば佐竹氏、下野《しもつけ》（栃木県）でいえば足利氏、上野《こうずけ》（群馬県）でいえば新田氏など、かつての源氏の名族が土着化していった。

そして、その中から、堕落した鎌倉幕府の打倒に立ち上がったのが、新田義貞と足利高氏（尊氏）である。

第四章 南北朝と足利尊氏

〜天皇親政はなぜ長く続かなかった？

執権政治の終焉

鎌倉幕府討滅のきっかけをつくったのは、後醍醐天皇だ。後醍醐天皇は北条氏に対する不満が高まる時流を見ていて、機は熟した、王政復古の時機が来たと考えた。これに共鳴し、行動したのが長子・護良《もりなが》親王だった。後醍醐天皇にはほかにもたくさんの皇子がいて、これがそれぞれ建武の新政のあと、地方の長官になって活躍することになる。

護良親王の令旨《りょうじ》は、〝髻《もとどり》の令旨〟といって、「源氏よ、立ち上がれ」という呼びかけを、密使がちょんまげの元結《もとゆい》の中に隠して全国に配って歩いたことで有名だ。ところが、こういう政変は、いつの時代でも同じなのだが、まず最初の動きはつぶされる。密告されるからだ。このときも鎌倉幕府に発覚し、護良親王も吉野に追いやられてしまう。

しかし、撒《ま》かれた令旨そのものは効果を持っていて、鎌倉幕府打倒に立ち上がる武士が多くなってきた。後醍醐天皇が呼びかけをした具体的な目標は、北条氏を滅ぼせということであって、都から行っている皇族や公家出身の征夷大将軍を滅ぼせ、ということではない。あくまでも、補佐役がいつの間にか主人の座を奪って専横の限りを尽くしている、勝手な振る舞いをしている北条氏に対してである。

しかし、二度目の計画もうまくいかず、鎌倉幕府軍に敗れて、後醍醐天皇も隠岐《おき》の島《しま》に流されてしまう。このとき、後醍醐天皇に阿野廉子《あのれんし》という女官が一緒についていく。これが、大化の改新のところで述べた、吉野に逃げた大海人皇子と鸕野皇女の関係に似ている。両者とも落ちぶれたあともついて行って、献身的に身のまわりの世話をしている。

そのうちに全国で源氏を中心に、本格的な北条氏打倒の動きが巻き起こってきた。護良親王の命を受け、河内の悪党といわれた楠木正成がまず挙兵し、全国の反幕武士に広がっていく。その先頭に立っていたのが足利尊氏と新田義貞の二人だった。二人はもともとは鎌倉幕府の重臣だったが、幕府に反旗を翻し、ついには討幕を果たす（一三三三年）。

実際に鎌倉の北条氏を攻め滅ぼしたのは新田義貞だった。足利尊氏は真っしぐらに京都を目指して、鎌倉幕府の京都の出先機関・六波羅探題《ろくはらたんだい》をつぶした。京都を制圧したのだ。

後醍醐天皇の詔である、鎌倉の北条氏を滅ぼせという目的を考えれば、新田義貞がそれを達成したことになる。ところが、後醍醐天皇が流されていた隠岐島から帰還して、天皇親政の拠点を置くとすればふたたび京都になる。京都を安定化してくれたのは誰かというと、足利尊氏になる。このため新田義貞より足利尊氏のほうが功績が大となった。

実際、後醍醐天皇が討幕の功労者として一番に称えたのは足利尊氏だった。そのため、足利尊氏は、それまでは北条高時からもらった〝高〟の字を使って高氏と名乗っていたのをやめて、後醍醐天皇の名前・尊治《たかはる》の〝尊〟の字をもらい、尊氏と名乗るようになった。そういう意味では、尊氏は相当な策謀家だ。

建武の新政――ふたたび主権が天皇の手に

鎌倉幕府は滅亡し、後醍醐天皇は悲願の天皇親政を実現する（建武の新政）。

建武の新政を成立させたのは、実際に刀をふるい、槍をふるって北条氏と戦った御家人たちだ。討幕の功労武士はじつに関東から九州にまで及んだ。平治の乱や保元の乱のような、狭い京都で数百人が小競り合いをしたという規模ではない。そんな武士たちが命を張って討幕に貢献した見返りとして欲しいのは土地だ。

このときの恩賞配分は、後醍醐天皇の供をしていた公家の千草忠顕《ちくさただあき》や、女官の阿野廉子らが中心になって基準をつくる。その基準が問題だった。どういう手柄を立てたかではなく、自分たちに対するロイヤリティ（忠誠心）が一番のものさしになっていた。

つまり、賄賂を渡す者には多く与えたりしたのだ。そうなれば当然、配分は不公平になる。思うような恩賞にあずかれない武士たちは、業を煮やして、はるばる九州などから上京してきて、新政府に対して直訴する。わたしはこういう手柄を立てている。証拠もあるから、公平な配分をしてほしい、と。しかし、新政府はケンもホロロで、すべて門前払いだ。

そんなときに、四条坊《しじょうぼう》におられる足利尊氏殿が我々の不平不満を聞いてくれる、という噂が流れた。そのため、尊氏の屋敷は、恩賞配分に不平不満を持つ者の相談所のような形になった。尊氏は自らの功績や天皇の信頼を盾に、千草忠顕や阿野廉子に陳情してきた武士たちの要求を捩《ね》じ込む。尊氏のほうが筋が通っているから、取り巻きたちが恣意的に決めたものを修正させて、陳情してきた功績武士たちに回す。それが評判となって、全国の武士の間における尊氏人気がいっそう高まった。

しかし、それでも、全国の御家人武士たちの不平不満を抑えきれない。恩賞として、いくら北条氏の土地を没収してみても、足りなくて回りきらなくなったからだ。

結果的に、尊氏が御家人武士たちの不平不満の代弁者として、天皇親政に立ち向かわざるを得ない状況になる。自身も〝尊〟の字をもらっただけで、たいした高位につけず、不満を募らせていた尊氏は、新政府に反旗を翻すことになる。

武力に勝る尊氏軍は京都を制圧して、後醍醐天皇は吉野山に逃れ、転々と何カ所も御所を設けて「南朝」と称する。尊氏は光明天皇を担いで新たに朝廷をつくる。これが北朝だ。こうして朝廷が南北に分かれた南北朝の時代になる。これが足利三代将軍・義満のときまで、約六〇年間続く。

天皇親政はなぜ長く続かなかったのか

建武の新政により、主権がもう一度天皇の手に戻ったのだが、ここでわたしが残念に思うのは、隠岐島に流されていたときに時間があったのだから、もう少し公家や武士代表を交えて密計を練って、復帰後の天皇親政、建武政治はどのようにおこなおうかという青写真を、恩賞の分け方、人事配置まで含めてしっかり考えておくべきだった、ということだ。

日本で革命がなかなか成功しないのは、壊したあとの設計図がないからだといわれる。のちの明治維新でも危うくそうなるところだった。あるいは、大化の改新にもいえることで、天皇親政といいながらも、実際には天武以後の天皇に、鸕野皇女が持統天皇になり、称徳天皇になることはあったにしろ、実質的には藤原一門の摂関政治に取って代わられることになる。いつも同じなのだ。

何か事を起こして引っくり返すのはいいが、引っくり返したあとの整地整備の設計図がいつもないということ。建武の新政がその最たるものである。つまり、吉野山に籠った後醍醐帝の心情面、理念面は理解できるのだが、後醍醐内閣を形成する人材がほとんどいなかった。

やむを得ず『太平記』をもとに、夢で、大きな木があって、後醍醐天皇が座っていたら、その南のほうに武士がいたというシーンを見た。それで、木の南というのは楠木だ、この近くに楠木という者はおらぬか、と聞いたところが、河内の豪族でこういうのがいると。そんな話をつくり上げて河内の一豪族を持ち上げねばならなかったくらいだ。

そういうことで召し出された楠木正成だったが、後醍醐天皇に対して忠誠心に満ち溢れているとはいえ、やはり悪党といわれた地域の一豪族で、南朝内における扱いは決して高くはない。建武の新政実現の功労として彼がもらった恩賞というのは、河内守という現在の大阪の一部の支配権だけだった。

足利尊氏のジレンマ

一三三九年、後醍醐天皇は吉野の山中で亡くなる。このとき、片手に剣を持って、片手にお経を持ち、「自分は死んでも、魂は北天、つまり北朝のあるところ、京都を睨《にら》みつけているぞ。いつかあそこを滅ぼして、朕《ちん》の霊魂のところに持ってきてくれれば欣快《きんかい》このうえない」といったような言葉を遺言として死んでいったといわれる。

足利尊氏は、後醍醐天皇政権に反旗を翻し、北朝を立てたのだが、後醍醐天皇に対してはつねに申し訳ないという思いを抱いていた。自分は天皇に対する反逆心など塵《ちり》ほどもない。まわりを取り巻く側近の奸物《かんぶつ》を取り除くべく動いただけである、ということだ。

実際、後醍醐天皇が亡くなるとすぐ、足利尊氏は後醍醐天皇の霊を慰めるために天龍寺を建てる。後醍醐天皇を天の龍にたとえて、それほど崇めていますよ、どうかわたしの罪をお許しくださ い、という気持ちがあったと思われる。

室町幕府の成立

足利尊氏は、ライバル新田義貞を破り、実権を握る。自らが擁立した北朝系の天皇から一三三八年、征夷大将軍に任じられる。ここから足利十五代にわたる室町幕府が始まる。

余談だが、京都の西に等持院という寺がある。ここには足利十五代の木像と位牌が残されている。おもしろいのは、歴代の足利将軍像の間に、ちゃっかり徳川家康の像が入っていることだ。徳川家康は、自分を源氏の流れだと詐称していたのだが、それが事実であることを示すために、そういう小細工をしたのだろう。

また、幕末のころ、勤王の志士たちによって、尊氏、二代目の義詮《よしあきら》、三代目の義満の木像が等持院から持ち出されて三条大橋にさらされたことがあった。それはちょうど十四代将軍徳川家茂が上洛したときで、後醍醐天皇に背いた尊氏らのように、天皇に下手なことをするとこういう目にあうぞ、という示威運動に使われたのだ。

三代・義満は金閣寺に代表される北山文化を興隆したことで有名だが、日明貿易で明との朝貢貿易をしたことで、問題になる。彼は、当時の明の皇帝から日本国王という辞令をありがたく賜って、唯々諾々とそれに従ったのは国賊行為であるとの声が巻き起こった。

聖徳太子の「日出ずるところの天子、日没するところの天子に書を致す、つつがなきや」という、小国でありながらもプライドを保ち抜いた姿勢とまるっきり違うではないか、ということで咎《とが》められたわけだ。

そもそも中国は昔から中華思想をバックボーンに持っている。

中華思想というのは、自分の国の文化が世界で一番優れているという思想だから、まわりの東西南北はすべて文化の劣った、蛮族、夷《えびす》の国であるという考えだ。東夷《とうい》・西戎《せいじゅう》・北狄《ほくてき》・南蛮という分け方をしていて、日本は東夷に当たるわけだ。そんな中国が貿易を認めるのは朝貢貿易だけ。それは従属の姿勢を示すために貢物を中国に持っていって、向こうは対価は支払わないけれど、持って来た貢物の何十倍にもあたる宝物を代わりにくれる。

これを日本に持って帰ってくるととても儲かるので、足利義満は唯々諾々と朝貢貿易をおこなった。自分自身と日本国が富むためには、そんなことぐらい何でもないとばかりに、朝貢を承認し、向こうの皇帝から、お前を日本国王に命ずる、という辞令をありがたく賜ってきた。その貿易で稼いだお金で、金閣寺に代表される北山文化を興隆させた。

幕府の支配力の弱体化と守護大名

主権を天皇に取り戻した建武の新政はわずかな期間で消滅し、取って代わったのが足利幕府だ。

足利幕府の最大の弱点は、幕府を開いた足利尊氏にためらいがあったことだ。後醍醐天皇に対するためらいがあったために、源頼朝や北条政子のように、武士の武士による武士のための政府であるという主権の存在機関としての自信を、大きな声で表明しなかった。忸怩《じくじ》たるものをずっと持ち続けていた。そのために、足利政権に確固としたバックボーンが生まれず、政権が脆弱《ぜいじゃく》だった。

もう一つ、室町幕府の弱点は、京都の室町に拠点を置いたこと。これは、平清盛政権と何も変わらない結果を招来した。つまり、十五代続いた足利将軍の質というものが、武士の代表というよりも、公家の代表になってしまった。

建武の新政によって、主権は一度天皇の手に戻ったものの、この政権も国民のための政府ではなくて、一部取り巻きたちの私物機関と化して、特に恩賞、土地の配分においてこれが顕著であったということから、足利尊氏が立ち上がって北朝を擁立し、幕府を開いた。しかし、その足利幕府も、結果的に尊氏の初心であった全国の御家人のための政府ではなくなってしまった。

制度として、源頼朝が各国においた守護、地頭のポストはそのまま踏襲したが、全国六十八国の守護を基本的に全部、足利一族で占めてしまった。斯波《しば》氏、細川氏、吉良氏、一色氏なども、元をたどれば、すべて足利一族だ。武士の武士による武士のための政権を目指しながら、内実は、足利の足利による足利のための政権だ、ということになっていった。

平家政権もそうだし、北条政権も末期はそうで、みんな同じ道をたどっている。

この間、各地の守護の力が強まり、守護大名と呼ばれるようになって、その土地での支配力を強めていく。必然的に、室町幕府の支配力は弱まっていった。

応仁の乱という一大転機

八代将軍・義政の跡継ぎをめぐる争いに、守護大名の後継者争いなどが絡み合って、一四六七年、幕府・守護大名を二分する大乱が起こる。応仁の乱だ。

応仁の乱を戦った守護大名・山名宗全と細川勝元はともに地方の支配者である。山名は山陰の名族であり、細川は四国の名族であり足利一族だ。日本六十八国のうち、形の上では二人で半分近くを持っていた。

しかし、長い戦いの中で、彼らには、持っている国の実質的な支配権がすでにない、ということを天下に知らしめてしまった。彼らが動員できる兵力を養う財力の元になるのは、それぞれ守護を務めている土地からの年貢による。ところが、年貢の集まり具合が非常に悪くて、財政的にもかなり逼迫《ひっぱく》していた。戦いに参加してみても、山名氏にしても、細川氏にしても、土地を恩賞として与える力がなかった。

そうなると、地元の地侍や国人《こくじん》たちは彼らの戦いに加わらない。そんなところへ行って死んだらバカバカしい。参加するよりも、地元でせっせと収入を増やしたほうがいい。

結果的には、断続的に十一年にも及ぶ長期の戦いになって、ひばりの巣までなくなったという歌が詠まれるくらい京都を焼け野原にしてしまった。残ったのは、大乱によって室町幕府が抱えていた問題がすべて明らかになったことだけだった。それまで抑えつけていた事実が一気に噴き出した。

つまり、形としては、自分たちが住む土地を支配しているのは名のある武士の一族だ。足利将軍家とか、山名氏とか、細川氏というのは、ある意味では自分たちにはなれない家格の高い存在だ。だが、その高名な武士の一族の支配力も財力も、実態はスカスカになっている。事実上、土地、人民の支配はもうできない状況になっている。

そんな中、地元で直接的に土地や人民を支配していた守護代、地頭、国人《こくじん》たちが、火事場泥棒的な行動を起こして台頭していく。〝現場の論理〟である。そして、この現場の論理は、それまでの道徳や倫理を一切無視して発展していく。下克上の時代の始まりである。

主権不在の下克上時代

下克上の背景には、室町幕府の支配体制の問題があった。

室町幕府は京都に拠点を置いて、日本全国支配の要になるはずの諸国の守護を一族から任命した。が、参勤と称して彼らを全部京都に集め、幕府に勤務させていた。つまり、守護は現在の各地方自治体の長でありながら、地元には不在で、中央政府である京都の室町幕府に参勤して将軍に仕えていたのだ。そうなると、なかなか地方に目が行き届かなくなる。

その一方で、現地での利害関係に直結する守護代、あるいは地頭、地侍のような小領主たちの力が、相対的に強くなってきた。地元民としては、実際に鼻息をうかかがうのは彼らである。一度も地元に来たことがないような守護など知ったこっちゃない、といったところだ。

そんな空洞化している実態を、中央の幕府首脳が気がつかなかったか、気づいていてもどうすることもできなかったのか、地方支配の体制強化・維持を怠ってしまっていた。そこに大きな隙ができて、結局、全国で守護が追い払われ、守護代などが取って代わる、下克上が起こり始めた。

さらに応仁の乱を経て、十三代将軍・義輝が、松永久秀に暗殺されるという異常事態が起こって、幕府の機能は完全に停止する。この事件の以前に、室町幕府の管領だった細川氏を家臣である三好長慶《ながよし》が倒した。松永はその三好の家臣である。その松永が、主君である三好とともに、将軍を暗殺したのである。まさに身分秩序が完全に崩れた象徴といえる。

当時の幕府が完全に権威を失墜していることを示す、こんな例もある。

十四代将軍になった足利義栄《よしひで》は、阿波国（徳島県）の平島という地で生まれたのだが、将軍になったことを称えて、現地では阿波公方と呼んでいた。だが、この将軍、じつは一度も京都の地を踏んでいない。三好一族に推挙されて将軍になり、阿波国から京都に入ろうとしたのだが、都での三好一族と松永久秀との抗争もあって京都に入れず、大坂まで行って引き返し、また徳島に戻っている。その後もずっと阿波国平島に住んでいた。

そんな混乱の中、時代は戦国時代に突入していく。もはや足利将軍は名目上の将軍でしかなかった。

平氏政権にはライバルの源氏がいて、北条氏の執権政権にしても、一応、足利氏がいたということで、混沌とならずに、次の勢力が台頭したのだが、室町時代末期は、中央における対抗馬がなくなってしまった。逆にいえば、主権がどんどん地方に分散していった。

地方にすれば、地方自治で間に合ってしまうから、中央はいらなくなる。こうして、群雄が割拠していくことになる。これが戦国時代だ。

この無秩序で主権不在の戦乱の世が、応仁の乱を起点として、一〇〇年あまり続く。この混乱に終止符を打つべく身を起こしたのが、織田信長だった。

第五章　信長・秀吉・家康
～英傑たちが生み出した新しい価値観

信長と「あゆち思想」

いまの愛知県という県名は、もともとあの地方に伝わってきた「あゆち」という言葉が語源といわれる。「あゆち」とは、日本列島のちょうど中央、日本の四つ辻に当たる尾張の地に、海から吹いてくる幸福の風、万葉集では「あえの風」が吹き寄せるという伝説から来ているようだ。

そのことは尾張の国に生まれた織田信長も当然知っていたはずだ。

織田信長は、子どものときから、城を抜け出して、旅人や流《る》浪人《ろうにん》などと接触するのが好きだった。自分もサイケデリックな格好をしているから、まわりから、あいつはタワケだとか、ウツケだ、カブキ者だなどと、いろいろと陰口をいわれたことは有名だ。

信長にしてみれば、旅人と接触することは、尾張の国以外はどうなっているのか、何が流行っているのか、同時代人がどういうニーズを持っているかといったことを知るためのマーケティングでもあったわけだ。

そして、そういった経験によって、同時代人の願いを集約していくと、次のようなニーズがあることがわかる。

まず一つ目には、何より戦国の世が終わり、平和な世の中になってほしいという願い。一〇〇年近く続く戦乱の世を生きてきた民衆としては、当然の思いだろう。

二つ目には、生活の安定、収入と仕事を安定的に得たいと願っていること。

三つ目には、この時代でもあった、男女差や身分差、やっている仕事の内容などに対する差別をなくしてほしい、という平等の願い。格差社会排除の思いがあった。

四つ目は、社会正義の確立と遵守《じゅんしゅ》。乱れきった戦国の世で、社会正義が守られ、それが維持される世になってほしい、ということ。

五つ目は、自己向上への願い。いまでいう生涯学習をしたいということ。

六つ目は、学習（修養）によって得たもの、情報をひとり占めにしないで、お互いに交流して共有すること。

こういうことが民衆の願いとしてあるということをつかんだわけだ。それが長じていく過程において、頭の中で熟成し、育っていく。彼はいつのころからか、そのようにしてつかんだニーズの実現と、「あゆち思想」にもとづく「あえの風」を日本中に吹かせる天下事業が、混合して一つのものとなっていった。
そして、それが信長の終生の政治思想、理念、ポリシーになっていく。

「天下布武」の知られざる意味

信長は、尾張の隣、美濃の国の斎藤道三の娘・濃姫《のうひめ》と政略結婚をして、道三の婿になる。

道三の相続人である義龍《よしたつ》は、じつは道三の子どもではなくて、道三が下克上で追い出した元の守護・土岐頼芸《ときよりのり》の実子だった。義龍を産んだ女性を道三が女房にしたわけだ。

あるとき、そのことを義龍が知ってしまった。そのために実父だと思っていた道三がじつは自分の父を追放した憎い仇《かたき》だということで、義龍は道三を殺してしまう。

さらにその義龍も死んで、義龍の子の龍興《たつおき》が斎藤家を継ぐのだが、殺されたときに道三が「美濃国は婿殿・信長に差し上げる」という遺言をしていた。そのため、信長には美濃国侵略の理由が二つもできた。

一つは、義父を殺した犯人を討つ、ということ。

二つ目は、自分に遺贈されたはずの美濃国を横領されている、ということだ。

それを口実に、信長は美濃国を攻め、金華山の頂上にある稲葉山城を得た。羽柴秀吉がわずか一夜で築いたという有名な墨俣《すのまた》城は、この戦いのときのエピソードだ。

ところが、稲葉山城は平地から三〇〇メートルの高さのところにある。それでは「あゆち思想」を実践していくうえで問題がある。三〇〇メートルも上の城にいては、地べたを這いまわっている民衆の汗と涙、苦悩は理解できない。民衆の目線で政治をおこなわなければいけないということで、麓に下りてくる。その下りたところが井口《いのくち》というところで、ここを彼は地名変更して「岐阜」とした。

なぜ岐阜という名前にしたのか。冷血無比な暴君といった面ばかりが強調される信長だが、ここに「あゆち思想」にもとづく「あえの風」を日本に吹かせようという思いがあったことが読み取れる。

岐阜の由来は次のようなことだ。

信長にはブレーンがいた。妙心寺系の禅僧で、沢彦《たくげん》という。信長は彼から漢学や中国の歴史など、いろいろなことを教わっていた。

その沢彦がいうに、古代中国に周という国が興った。これを実際に興したのは武王だ。いまの黄河の水源に近いところに、渭水《いすい》という川があって、そのほとりに岐山という山があった。彼は、その岐山を拠点にしていた。

周の武王は悪王を退治して、孟子の放伐論によって国を統一する。そのころの周の人民の生活は、孔子や孟子がものすごく褒め称えているように、鼓腹撃壌《こふくげきじょう》していたと。つまり、貧しくてもおいしいものが食べられるから、お腹が鼓《つづみ》のように膨らんで、民がこれを打って（鼓腹）、大地を叩いて踊っていた（撃壌）ということだ。

民衆が鼓腹撃壌していた周の国に、信長は、若いときからの旅人や流浪人たちとの交流、マーケティングによってつかんでいた民衆の六つの願いの実現を見た。それがすべて充足されていると。

そこで彼は井口の地を岐山と変更したかった。ところが、その話は、武田信玄も上杉謙信も毛利元就も、当時の名将といわれる武将たちはみんな知っている。まだ彼らの存在が脅威だったこともあり、信長の野郎、若僧のくせに思い上がっている、いまから周の武王気取りか、と余計な刺激をすることを恐れた。そこで「山」を少し低くして「岐阜」としたのだ。「阜」は「丘」の意味である。

彼はこのときから判子を使い始める。いろいろな沙汰書や領地のあてがい、いまの土地の権利書などで使った印の文字が「天下布武」。普通に読めば、布は布《し》くだから、これは天下に武政を布くと読めるのだが、わたしは、岐阜という地名にしたことからも、天下に武王の政治を実現する、という信長の志だととらえている。

改革者・信長の真骨頂

天下布武に向けて、まず信長は、いままでの大名のように、たんに武力に優れているだけではダメで、これからの時代は経営や経済、そろばん勘定ができなければいけないということを悟る。そのことで、六つの民衆の願いを実現する過程において欠くことができないという、国家管理、国家経営の信念を持つようになる。

さらに信長は、武田信玄や上杉謙信らは、なぜ名将といわれるのかと分析した。これは信長にない〝人徳〟のためだと認識した。

しかし、その名将の武田信玄と上杉謙信の両雄は、川中島で五回も戦っている。信長は情報分析の達人だから、川中島の合戦について細かく調べてみた。

一つは、時期。いつごろおこなわれたのかということ。五回の戦いをつぶさに検証していくと、ある共通点が見えてきた。ああ、そういうことか、と一つの仮説を得る。

しかし、信長が情報分析の達人だという所以《ゆえん》は、それをもう一度クロスチェックすることにある。仮説の裏を取る。つまり、別の角度からいま出た仮説が正しいか、正しくないかを確認するわけだ。このときに調べたのが、武田信玄と上杉謙信の軍団の構成。武田軍団、上杉軍団はどういう人間によって構成されているか。そうすると、当時の兵士はイコール農民だ。いわゆる兵・農未分離状況にあるのだ。

そこで初めて、彼は自分の仮説が裏づけられてニンマリ笑う。つまり、川中島の合戦はすべて農閑期におこなわれているという事実。逆にいえば、農民が農作業で忙しいときは合戦に出られないということだ。

信長の結論としては、武田軍団も上杉軍団も、一人の人間に農業と合戦という二つの役割を課している。しかも、使われ方は季節労働者である。これは兵力としては弱点を持っていることになる。

そこで彼は兵・農分離を実施した。農民は二度と戦場に動員しない。農村に住んで農業に専念して、農業のプロフェッショナルになってほしい。そして、兵士はもう農村に住まないで、住宅を用意するから城下町に集まって住め。これは城で招集をかければすぐに動員できるという時間の短縮につながる。

また、城下町に集住している兵士たちの生活の面倒を見る人間も必要だ。そこで彼は諸国から商工業者を招いた。いまでいう企業誘致だ。これをおこなうには何らかの特典、わざわざ移住してくるからには、得になるようなことを考えてやらないといけない。そこで彼が最初に実施したのは規制緩和だ。

当時は座といって、一部の権力者が特権を持っていた。酒をつくりたい、売りたい、というと、京都の有名なお宮の許可がいる。許可料がものすごく高い。油をつくりたい、売りたいと考えても同じこと。また、いろいろな物づくりや工芸品などにも公家がみんなパテント（特許）を持っている。暦の改廃権などは天皇たった一人に帰している。

信長は、これはバカバカしいと思った。だから、岐阜の城下町では、いつでも、誰でも、どこでも、何をつくり出そうと、商おうと自由である、ということにした。これが楽市楽座である。

日本版・悪貨が良貨を駆逐する？

もう一つ、信長は岐阜城にいるころからバテレンとつきあい始めた。ポルトガル人の神父とつきあっているうちに、こういう話を聞いた。

当時、イギリスにグレシャムという男がいた。仕えているのはエリザベス女王（一世）。当時のイギリスは輸入超過で、イギリス国内でつくった良い貨幣、良貨がどんどん海外に流出していた。国内に残っているのは悪い銭、悪貨ばかり。のちにグレシャムの法則といわれる「悪貨が良貨を駆逐する」状況である。そこで、グレシャムはエリザベス女王に「少し輸入をお控えになって、良貨が国内に残るようにしてください」という意見書を出した。この話を信長は神父から聞いていた。

もともと信長は、経済問題、貨幣の流通には強い関心を持っていて、やっぱり良い銭を使わなければダメだと考えていた。しかし、そのころ、日本にはまだ造幣能力がないから、中国のお金を使っていた。これは耐久性に難があり、長く使うとすり切れてしまったり、欠けたりする。そのため、焼け銭、欠け銭、すり切れ銭がたくさん流通していた。

信長はそういうものは捨てて、良いものを選べという「撰銭令《えりぜにれい》」を出した。これはおそらくグレシャムの法則にヒントを得ているのだろう。なぜなら、当時、こんな法律をつくったのは信長以外にいなかったからだ。

さらに、物づくりや産業振興をおこなっていけば、当然、物流の道を確保しなければならない。そこで彼が行ったのはインフラ、公共基盤整備だ。一番に手をつけたのは道路。人間の旅、物の流れをスムーズにしようということで、一里ごとに榎か松の木を植えて道標を立て、里程《りてい》がわかるようにした。

さらに、たとえば、伊勢地方一つをとっても、六十六カ所も関所がある。それぞれの地域にいる豪族たちがそこで通行料を取っている。加えて、海や川にも船番所があって、同じようにお金を取る。信長は自分の支配地が広がるにつれて、そういうものをどんどん撤廃して、人の流れ、物の流れを自由にしていった。

安土という地名に隠された真実

当時としては、何といっても京都を押さえなければ天下を取ることはできない。天下を取って「あゆちの風」を広く吹かせることはできない。そこで、姉川の合戦で浅井、朝倉を破ったあと、まず、その足がかりとして、羽柴秀吉に琵琶湖に近い今浜に城をつくれと命じて、先手として送り込む。

秀吉は今浜を信長の長を取って長浜とあらためて、城をつくったあと、そこに楽市楽座をつくって、近江国内で信長流政策の実験を始める。

それが成功すると、信長から「俺の拠点となる適地を探し出して、そこは安土と名前をつけろ」という指令が出た。如才ない秀吉は、琵琶湖の入江のようなところに適地を見つけて、すぐに城をつくらせた。

安土という名前について、学者の間でもいろいろと意見が分かれているようだが、有力なのは、「平安楽土」の安と土を取ったのだろうという説だ。これはまさに「あゆち思想」「ユートピア思想」がはっきり表れている名前だ。信長が日本国を平安楽土にしようという志の表れといえる。そして、語音が似ていることから、わたしは「あづち」は「あゆち」からきているのだろうとも思っている。

信長という人は、比叡山の焼き討ちや長島一向一揆《いっこういっき》の虐殺などで鬼扱いされている人物で、たしかにそういう冷血な破壊者の一面もあっただろう。ただし、この国をユートピアにしようという壮大な政治理念を持っていたことも、このことから明らかだろう。

〝三つの壁〟への挑戦

改革というのは、つねに三つの壁への挑戦だ。

一つは物の壁、物理的な壁。

二つ目は仕組み、制度の壁。

三つ目は心の壁、意識の壁だ。

これらを壊すのが改革だ。

信長は、まず壊すべきは、心の壁、意識改革だと考えた。彼の意識改革の目標は二つあった。

一つは、いつまでもみんなが大事に思っている旧権威に対する心情、つまり貴種尊重の心理だ。これがとくに政治制度になり、日本人を縛っているということだ。

そのころ、天皇は実質的に力を持っていないため、足利将軍家が形式上、日本の為政者として頂点に立っていた。信長自身も流浪将軍だった足利義昭を京都に押し込んでみたものの、旧権威というのはこれほど力がないものであり、無能なものであるかということを痛感していた。民衆のニーズに応えるようなことは何一つやれる存在ではない。むしろ、それを阻む存在だと。だから、こんなものはないほうがいいということで、将軍を追放してしまう。これが旧権威の破壊だ。

もう一つは、そのころの日本人全体に根づいていた価値観。これをぶっ壊そうということを考えた。それは何かというと、土地至上主義の価値観だ。

土地を一坪でも多く持ちたい。それを失う、あるいは横取りされるときには命をかけて争う、というのが一所懸命の思想だ。信長は土地を財とすること自体は否定していない。しかし、それが、たとえば織田軍団の将兵の心の壁になってしまうと、結局はしがみつきの精神になって、新しい地で新しいことに挑戦するのを嫌がるようになる。改革の阻害要因になると考えたわけだ。

しかし、土地を大事にするという気風は日本人に長らく染み込んでいるから、いきなりそれを真っ向から否定するわけにいかない。一番いいのは、別の新しい価値観を植えつけることだ。

あるとき、彼は堺に行った。当時の堺は自治都市で、支配大名がおらず、いまでいう市議会議員のような立場の三十六人の人間が、会合衆《えごうしゅう》といって、合議制で自治をしていた。みんなで資金を出し合って浪人を雇い、城郭をつくるなどしていた自衛都市でもあった。

堺を訪れた信長は、当時は堺の大商人だった千利休の家に行く。当時の利休は「とや」というから魚問屋、そして倉敷料を取っている倉庫業者でもあった。このとき、利休は信長を〝市中の山居〟と名づけた茶室に案内した。

茶室に信長を招き入れるのに、利休は亭主だから先に入って釜に湯を沸かす。信長には狭い躙口《にじりぐち》を示して、「そこからお入りください」という。これがお茶の作法だから、と。

ここからはわたしの想像も入るのだが、「利休、身をかがめないと入れないな」「じゃあ、おかがみなさい」「刀が邪魔になるな」「じゃあ、お腰のものは抜いて、森蘭丸様にお預けなさい」。そんなような会話が交わされたことだろう。そして、「利休、入口が狭いのでコブができた」「それはお気の毒。だけど、あなたはお変わりになったんですよ」「何が変わった？」「先ほどまでは、俺は天下人・織田信長だという空気を漂わせておられましたが、躙口を通ることによって、すっかり消えてなくなりました。身をおかがめになることによって、それがなくなったんですよ。ただの人間・信長様に、ただの人間・利休が心を込めてお茶を点《た》てさせていただきますから、お気に召したら、利休、結構な点前《てまえ》であったといっていただけば冥加《みょうが》に存じます」と。

信長は考えた。魚問屋の分際で天下人に対して、どうしてこういう堂々たる態度が取れるのか。こいつの精神的なバックボーンは、いったい何なんだろう、と。

このときに思い当たったのが、こいつは茶道《ちゃどう》の達人だ。茶道というのはカルチャー、文化だ。利休の恬《てん》として身じろぎもしない堂々たる自信を支えているのは、文化精神、カルチャースピリットだ、と。それで信長は、これだ！　と膝を叩いた。

まったく新しい価値観の創出

新しい価値を発見した。土地に代わるべきものはカルチャーだ。これを付加価値として経済政策に加えようと。

つまり、文化を文化として独立した文化政策をおこなおう、ということではない。あくまで経済政策。人間生活に関わりのある衣食住の中に使うすべてのもの、ハード、ソフトを問わず、生活に必要なものの中に付加価値として文化性を加える。そのことが先に把握した民衆の六つの願望、これを実現するための一つのきっかけになるだろうと、信長は考えたのだ。

六つの願望を実現するうえで、何よりもまず戦国時代を終了させて、平和な世の中を実現させなければ始まらない。

そして、平和を実現すると同時に、カルチャーを衣食住に加えることによって、たとえば、家を建てるときにも、人間の意識改革によってさまざまなニーズが生まれてくる。建て方一つとっても、数寄屋《すきや》づくりにするとか、茶室を備えた母屋をつくるといったような、多様なニーズが生まれ、それによって設計もいろいろ変わってくる。大工、左官、石工、もっと広げれば、造園などの仕事の重要も高まる。使う材木にもさまざまな注文が出る。天井板は秋田杉がいいとか、床の間の柱は京都の北山杉がいいとか。そうなれば、山林事業も活発になる。

さらに、家の中に花、書画・骨董を飾れば、こういうものによって、絵描きや書家など、いろいろな芸術家も輩出することになるし、同時に茶碗づくりといった物づくりの需要も高まる。そうなれば、雇用が創出されると同時に、仕事をする人自身も含めて、生活者が、カルチャーという人間の新しい価値を求め出し、より豊かなステージでみんなが生きていくことができる。そう考えた。

それを実践するにあたって、まずは部下の給与制度から変えていった。そうすることで、たとえば、柴田勝家に能登半島をやろうかといったら、勝家は土地はけっこうです。それより利休の茶碗をください、などというようになった。

秀吉は、わたしはお茶の会を開かせてください。そうすると自分のステータスが上がりますので、などと懇願してくるようになる。そういう身近な人間たちから始めた意識改革によって、カルチャーを取り込んだ生活が、だんだん日本中に浸透していく。

それがどんな好影響をもたらしたのか。内需を生んだ。日本国民の意識を改革することによって、カルチャーを中心にしたニーズを生んでいった。これに、そんなにお金がないだろうと思っていた民衆も乗ってきた。時代に乗って、国民の生活意識も上がっていった。

結果からいえば、信長の安土時代というのは、輸出なしの、ほぼ内需だけに頼った日本史上空前の経済の高度成長期となった。衣食住に関わりを持つ品物やサービスの中に文化性を取り込むことによって高付加価値化させ、そういうものを民衆が欲しがるように、お金を使うように、仕向けていった。それによって、いままで埋もれていた物づくりに携わる職人や芸術家などが一斉に仕事を得て、それに見合う報酬、賃金も得るようになっていったのだ。

信長に大きく欠けていたもの

こうして内需拡大に成功していったのだが、天正十（一五八二）年六月二日の早暁《そうぎょう》に、志半ばにして、明智光秀に殺されてしまう。本能寺の変だ。

殺された要因は諸説紛々《ふんぷん》だが、信長には人を人とも思わない冷血無比な暴君の面があったのは間違いないが、つまるところ、信長の人間管理の欠陥だろうと思っている。

現代風に推測すれば、信長は家臣団の諸将をAグループ、Bグループ、Cグループといったように三タイプに分けて考えていた。

Aグループというのは、信長の「あゆち思想」の実現という天下事業を、いわれなくてもわかっている人間。自分が委ねられた仕事については、信長の分身になったつもりで忠実に遂行していく頼もしい部下。これが晩年の信長では、明智光秀と羽柴秀吉だ。

いわなくてもわかる部下がAだとすれば、いえばすぐわかる部下がB、いくらいってもわからない部下がCである。

　Bグループは前田利家、丹羽長秀ら。そして、Cグループは、柴田勝家、佐々成政、林秀貞、佐久間信盛ら。彼らは確信犯で、面倒な仕事は嫌なものだから、わかっていてわからないふりをしていた。また、昔から反信長感情も持っている。

　結局、彼らをどう配置したかというと、本社の管理中枢機能においた重役は結果的には明智と羽柴、あとはみんな地方支社に飛ばしている。とくに柴田勝家というのはCタイプだったから、越前、北陸に行かせた。

　このこと一つとってみても、信長は部下の能力判定が相当厳しい。当然、それについていける人間と、ついていけない人間が出てくる。ついていけない連中にとっては、全力疾走しているうちに、やがて呼吸困難で引っくり返ってしまう。そういう人間への配慮が信長は決定的に足りない。

　たとえば、「人は城、人は石垣、人は堀」という武田信玄の部下管理の要諦《ようてい》は、分権と責任だった。自分が直接監督するのは、自分に直接仕えている管理職だけでいい。管理職がそれぞれ抱えている部下は、管理職自身で監督しろ、という考えだ。名将といわれる武田信玄は、信玄様のためなら、という部下が何人もいた。信玄のライバルだった上杉謙信も同じだ。

二人の名将が持っていた人徳とか風格、この人のためならと思わせる資質が、信長には欠けていた。信長様のためなら、と心の底から思っていた部下は何人もいなかっただろう。それは腹心中の腹心であった秀吉も含めて、だ。みんな恐怖心で信長に従っていた面がある。

知型の人間、情型の人間

人間には知型と情型がある。知型というのはインテリジェンスをものさしにして生きているから、何か仕事を与えられても、何のために、何をやるのかという、目的と内容を重視する。

情型はそうではなくて、誰がいっているのか、誰がやっているのかという、人間を重視したセンチメントな情感がものさしになる。大別すると、明智光秀は知型であり、羽柴秀吉は情型だ。

ところが、信長には悪い癖があって、部下に渾名《あだな》をつけたがる。柴田勝家はゴン、前田利家はイヌ、羽柴秀吉はサルないしは禿ネズミ、明智光秀は毛が薄くてツルツルしているからキンカン頭。そんな渾名のつけ方からもわかるように、信長はサディズムの一面がある。相手が嫌がっているなと思うと、よけいに嫌がらせをする。そういう行為は明智光秀のような知型、インテリには我慢できない。これは人格の侮辱だ、と。

徳川家康が織田連合軍とともに武田軍を滅ぼしたあと、旧武田領をもらった。そのお礼のために、安土城にやって来た。そのとき、接待役を申しつけられたのが明智光秀だったのだが、不運なことに、調理場で手ぬかりがあって、家康の前に出されたお膳の魚が一匹腐っていた。で、家康がこれを退けた。メンツをつぶされた信長は激怒した。当然、怒りの矛先《ほこさき》は光秀だ。

明智光秀の思想は、俺の給料は信長様個人からもらっているのではない、織田株式会社という組織からもらっている、だから、俺は組織に対しては忠誠を尽くすけれども、信長様個人には尽くさない。こういう考えを持っていた。

そんな光秀は、安土城の接待の失敗があって、信長との亀裂はさらに大きくなった。俺から給料をもらっているんじゃない、会社からもらっているんだと考えているような奴が接待役も満足にできないのか、と。そこで信長は、罰として光秀の領地をみんな取り上げてしまった。近江の坂本城と、丹波の亀山城（現在の亀岡）だ。

城を取り上げるということは、そこに所属する農地と領民も取り上げるということだから、光秀は無収入になってしまった。

さらに追い討ちをかけるように、中国戦線に行って秀吉の家来になって毛利軍と戦え、と命ずる。光秀にとっては、これ以上ない屈辱だった。

で、このときには、安土城から湖を回ればすぐに坂本城に戻れるのだが、亀山に帰ってしまう。ここで終夜、沈思黙考した結果、翌日、一万の軍を率いて出陣。老の坂まで来て、右に行けば中国地方、左に行けば京都という地点で、「敵は本能寺にあり」となる。

突きつめると、光秀の謀反は、信長の人格侮辱の蓄積だ。だから、信長が天下人としてやろうとしていることと矛盾していたといえる。六つの民衆のニーズの中には人格の尊重も入っている。彼は自らそれを破ってしまった。結局、それが積み重なって、信長は志半ばで、この世を去る。

ただ、そうであっても、わたしは利休に教えられた茶道をはじめとして、カルチャーを国民生活の中に取り込み、「あゆち思想」にもとづく戦乱のない世の中を実現しようとしたことは、きっちり評価してもいいのではないかと思っている。

秀吉が頭角を現したきっかけ

信長の跡を継いで、天下統一を果たしたのは秀吉だ。

秀吉は信長と同じ尾張の国に生まれている。武士でなく、農民の出だった。秀吉は人使いの達人だった。個人作業を上手に組織化し、抜群の成果を上げる名人でもあった。

信長の部下として秀吉が頭角を現したことに、清洲城の城壁の修理がある。ここが台風によって崩れた。そこで、信長が三日だか四日だかで修理しろと普請奉行《ふしんぶぎょう》に命じた。普請奉行は、とてもじゃないが、そんな短期ではできないと辞退してしまう。そこで「サル、お前が代われ」と秀吉に命じた。まだ木下藤吉郎のころだ。

秀吉は、仕事を個々人の力でやっていたのではとてもじゃないが間に合わない、と考えた。それにはチームワーク、組織によって力の相乗効果でやるしかない。足し算ではダメで、掛け算にしよう。一〇と一〇を足しても二〇にしかならないが、掛け算をすれば一〇〇になる。そんな仕組みを編み出そうと。

このときに秀吉には、一〇〇人の労働者をあてがわれた。秀吉は、修理個所を自ら検分して作業現場を一〇カ所に分け、一〇〇人の労働者を一〇組に分けた。人の振り分けは、労働者自身にまかせた。一〇〇人の中には嫌いな人間同士もいるだろうから、自分がどこの組に入るかは自分たちで相談して決めろと。それができたら、今度はくじ引きで工事個所をそれぞれの組が選べ。そして「一番早く工事が終わった組には、俺が信長様から褒美をもらってやるぞ」とハッパをかけた。

一〇組に分かれ、一〇カ所を決めるところまではみんなわかったが、信長様から褒美をもらうというのは嘘だ。調子がよすぎる、と労働者たちは思っていた。いままで信長はそんなことをしたことがない。つまり、現場の労働者を軽んじているのだ。

しかし、一〇組が競って城壁の修理をおこない、一番早く工事を終わらせた組に、秀吉は実際に信長から褒美を引き出した。城壁が一晩で直ったという言い伝えがあるほどだから、信長もしぶしぶ褒美を出したのかもしれない。そして、秀吉の組織運営の能力を買うようになった。

力の代わりに頭を使う

清洲城壁の修理以前にも、秀吉は清洲城内で使う燃料の流通改革をしたことがある。

信長は商業が盛んだった尾張で生まれ育ったこともあり、そろばん勘定が達者で、経済を重んじた。だから、清洲城内の燃料費がやたらにかかることが気に入らなかった。そこで、当時の薪《まき》奉行を呼んでその原因を聞くのだが、曖昧な答えで要領を得ない。そこで秀吉を呼んで、お前が代わりにやれと命じた。

秀吉は、前任の薪奉行の顔をつぶしても悪いと思いつつ、信長の命令であるので、実際に台所へ行って、煮炊きをするときに燃料がどれくらいいるのか、あるいは冬場の暖房のために炭をどれくらい使うのかを丹念に調べた。

その結果、流通の過程に問題があることがわかった。間に仲買人が何人もいて、そのたびに手数料を取っているので、生産地から城に運び込まれるまでにえらく高いものになっている。しかも、そこには利権が絡んで汚職のようなことが起こっていて、台所の人間も、それを管理する役人も、一枚かんでいることがわかった。

それをありのままに報告すれば、信長のことだから、役人から何からみんな殺してしまうかもしれない。彼は思案に暮れて村々を歩いていると、どの村の林にもたくさんの枯れ木が立っていることがわかった。そこで村の長のところへ行って、林には枯れ木がだいぶあるようだから、これを切り倒して薪にしてほしい。お金は城へ運ぶ運賃ぐらいしか出せないが、枯れ木を引き抜いたところに植える新しい苗木を、枯れ木一本について三〜五本用意する。それはただで提供するから、そういう交換条件でお願いしたいと交渉した。

この話に各村がみんな乗った。せいぜい家の焚き木にする程度の枯れ木をお城で使ってくれて、それと交換に新しい苗木がもらえるからだ。

秀吉のやり方のうまさは、流通ルートにおける不正を暴かなかったということ。それらは全部棚上げにして、新しい薪の納入方法を確立し、信長の命を果たしたのだ。領内の村の立ち枯れしているような古木を利用するというだけで、傷を負う者を出さず、前任者の薪奉行も面目が立った。これを契機に不正は完全に消えた。

このような功績があって、秀吉は信長の信頼を得て、みるみる頭角を現していく。

土木建設技術を武器にする

前に書いた信長の美濃の斎藤氏攻撃のときに、稲葉山城を攻め立てるには近くに拠点がいるということで、それを墨俣に置こうということになった。ところが、そのころの墨俣というのは長良川と木曽川と揖斐川《いびがわ》が合流し、そのほかの中小河川も全部流れ込む一大湿地帯だった。だから洲股とも書く。

そこに城をつくるときに、築城の責任者に木下藤吉郎が命ぜられた。このとき藤吉郎が考えたのは、従来、織田家にいるような技術者ではあんなところにとても城はつくれない。これは特別技能が必要だということで、木曽川の流域を歩き回った。そうすると、木曽川の流域には輪中《わじゅう》というものがあることを発見した。これは円形の堤を築いて、中に家があって、一段高いところに水屋という小屋があって、ここに集落の人たちが使う農耕具や最低限の食糧、生活用品が入っている倉庫だ。

　これを見た秀吉はひらめいた。これでいこう、と。湿地帯に築城するには輪中の築堤工事の特別技術者が一番向いているだろうということで、探し当てたのが蜂須《はちす》賀小六《かころく》だった。

　蜂須賀小六に頼むと、やってもいいが、ただし、条件があるという。我々は豪族だが、仕事も生活も不安定なので、織田家の正社員にしてくれるのであれば手伝ってもいい、という。

　ここで秀吉はちょっと弱る。信長に打診してみるが、案の定、実績を見てからでなければ採用しない。まして野盗の群れといわれているような連中を正社員にはできない、と突き返される。

　しかし、ここで藤吉郎は簡単には引き下がらず、がんばる。この築城は喫緊の問題である。それには蜂須賀らの力が必要だ。かれらは誇りが高いから、信長様から正社員にするという言質《げんち》を得てからでないと動かない、と。

　結局、秀吉の熱意に負けて、信長は折れた。

　それで早速、墨俣（洲股）城の築城を開始するのだが、このときにも、また三交代制にした。参加した人を三隊に分けて、一隊は築城、一隊は美濃の斎藤勢が攻めてきた場合の見張り部隊。そして、もう一隊は、寝ていろ、と。このようにパワーの温存を図りながら、三隊にそれぞれの役割を持たせて取り組んだことで、墨俣城はまたたく間に完成する。

信長は感心した。秀吉は稲葉山城攻撃のときに、蜂須賀たちを部下として使うことを許された。秀吉は、弟の秀長を大手門から攻撃させて、自分の軍は稲葉山城の裏に廻って、火をつけて城中を攪乱《かくらん》するというゲリラ戦を展開して、ついに稲葉山城を攻め落とした。

このとき、秀吉は全員に腰に酒を入れたふくべを下げさせていた。そして秀吉は「今日はこの竹竿の先に一個、瓢箪《ひょうたん》をつける。今日のように共同作業で戦いに勝つたびに、瓢箪を加えていく。お前たちの共同作業によるシンボルだ」と宣言する。ここに秀吉の人使いのうまさがある。ちなみに、これが秀吉の馬印・千成《せんなり》瓢箪になっていく。

この成功がベースにあるため、その後の秀吉の攻城の方法はすべて、土木建築技術を駆使したものだ。刀や槍を振り回す白兵戦を、秀吉はほとんどやらなかった。有名なところでは、備中・高松城の水攻め。まわりの足守川《あしもりがわ》から水を引いて、堰《えん》堤《てい》を切って水を流し込んで浮き城にして、城を孤立させた。

あるいは、鳥取城の攻略。これは、稲の収穫の時期であったため、城を囲む田んぼの稲を全部買い取った。それを連れて行った仲買商人に高めの代金で買い取らせ、農民にみんな分けた。当然、農民は喜ぶ。さらに、櫓《やぐら》を建てたり、築堤工事のために現地の人を労働者として動員するのだが、これにも正規の賃金を支払う。

自軍のモラール（やる気）を維持し、高めるために、夜店や野外遊廓をつくってドンチャン騒ぎをする。それを鳥取城に籠城している城兵たちに見せつけるものだから、城兵たちのモラールはどんどん下がっていく。

加えて、城内では食料も尽きて飢えに苦しみ出す。鳥取城落城間際は悲惨だった。城兵たちは馬を食べたり、しまいには討ち死にした者の遺体にまで手を出すような状況だったという。

残酷といえば残酷な攻城法だが、秀吉はそういう土木建築技術を駆使した城攻めを身上とした。

中国大返しの意外な協力者

このようにして、秀吉は織田家の中で、どんどん頭角を現していった。しかし、彼は組織においてはチームワークを重んじ、自分からは敵をつくらない。今浜城主になったときに、今浜を織田信長の一字を取って長浜に変えてゴマをする。さらに、木下から羽柴と名前も変えた。羽柴の羽は、彼に好意的な織田家の重役である丹羽長秀から一字をもらい、柴は自分を嫌って、いつもいじめてばかりいる柴田勝家から一字もらった。

このあたりが、秀吉が人たらしといわれる所以だ。柴田も、一字くださいといわれれば、おまえは嫌いだからやらないとはいわない。後年の柴田はそれほど羽柴嫌いではなくなったが、信長が死んだときに、どうしても潜在的に残っていた反秀吉的なものが芽を吹いたのだろう。賤《しず》ヶ岳の戦いで秀吉と対峙し、敗れて自害することになる。

このころ、信長に対して敵対行為を取っていた最大の存在は毛利氏だ。

序章でも触れたように、毛利元就は、中国道ないしは中国州のような形で、いまでいう道州制を先取りしていた。

しかし、かの有名な「三本の矢」の教えを三人の息子たちに諭す際に、「ここを維持していくことに重きを置いて、天下のことに手を出すな」といったような趣旨のことをいっている。天下の争いに巻き込まれるようなことは毛利一族は絶対にするな、ということで、この地方を治めることに集中させた。

内陸部に世界遺産になった石見銀山がある。この地を支配している吉川家に次男・

元春を養子として送り込んだ。また、瀬戸内海を支配している水軍、小早川家には、三男の隆景を送り込んで、海・陸すべてを制圧した。毛利本家の長男・隆元は早くに死んでしまったので、その子の輝元が本家を継いでいた。元就は、孫を守るためにも毛利両川《りょうせん》、つまり吉川、小早川で毛利本家を守れと三本の矢の教訓をしたのだ。このときに天下に手を出すなと、先の訓示を垂れた。

毛利家の統治は、毛利モンロー主義といわれる。元就が内陸部を重視していることがよくわかるのだが、残念なことに、外海に目を向けていなかった。せっかく山口県の大内氏が東南アジア貿易で富を得ていたにもかかわらず、下関、門司、博多などの良港を活用しなかった。元就は内陸部重点主義だった。

織田信長はそれを嫌って、毛利家をぶち壊して、もっと日本の風通しをよくしたいと考えた。そこで、信長の理念を一番理解している秀吉を方面軍司令官にして、毛利攻め（中国攻め）に向かわせた。このとき、信長の精神に真っ先に賛同して、お供しましょうと道をあけたのが岡山の宇喜多直家、秀家の父子だった。

彼らは、そばを流れていた旭川を利用して埋立地をつくって、そこに岡山の城下町をつくった。山陽道をその埋立地を通るように移し替えたりしていた。また、高瀬船を利用して山岳部と臨海地帯の物流の交換を盛んにして、領民の生活の格差是正もおこなっていた。

こういう先見性があったためか、これからの天下人は毛利じゃない、織田信長だと考えた。

また、秀吉の中国攻めの先手になって協力したのが黒田孝高《くろだよしたか》（官兵衛）だ。黒田は姫路城を提供して、秀吉を迎えた。そして、いまの岡山県と広島県の境、備中の高松城主・清水宗治《しみずむねはる》を攻撃中に、本能寺の変が起こる。このとき、明智から来た密使が、黒田の陣でつかまってしまった。持っていた密書には、明智光秀が信長を葬った、ついては毛利家とわが軍ではさみ討ちにすれば秀吉軍は滅ぼせる、というようなことが書かれていた。これを聞いた秀吉は、急ぎUターンしなければならなくなった。かの有名な中国大返しである。

元就の子、小早川隆景は、冷静に天下の動きを見て、次の天下人は織田信長であると感じていた。同時に安国寺恵瓊《あんこくじえけい》という毛利方の武将は、いや、そうはいかない、信長は仰向けに転がる。次は秀吉、サルという者に候《そうろう》、といって、小早川隆景に意見書を出している。

元就が築いた中国州で、領民が求めるニーズは毛利家でやれるかもしれない。しかし、汎《はん》日本的なニーズを満たすのが天下人だろう、それは毛利家ではないという判断を小早川隆景はした。

そんな背景もあって、清水宗治と強引に和睦し、大返しする羽柴軍を追撃しようという毛利一族を、小早川が止めた。一説には、毛利家の旗を数本貸して大返しを手助けしていたともいわれている。

そんなこともあって、秀吉は天下人になったあと、小早川を非常に重視して五大老の一人に加えている。名目上は毛利輝元もいた。だから、当初、五大老のうちの二人が毛利家から出ていた。小早川隆景が死んだあと、急遽、上杉景勝が補任される。

経済的価値に敏感であるということ

中国大返しによって大急ぎで引き返していくときに、秀吉軍はおもしろいことをやっている。戦国軍団はふつう、夜の行軍はしない。たいてい野営して休む。ところが、秀吉はこのときに夜の行軍をやった。

その方法は、付近の住民をみんな叩き起こして沿道に台をつくらせ、そこに握り飯と水を用意させた。秀吉軍は走りながら握り飯を取って食い、水を飲んだ。現在、マラソンでよく見る光景である。道には松明をともさせて夜道を明るくさせてもいる。そのため、当時の常識では考えられないくらいの早さで引き返した。

そこまで早く秀吉軍が戻ってくるとは、明智も思っていなかった。虚を突かれ、結局、天王山の戦いで敗れて、近江の坂本城に戻る途中、村人に殺されてしまう。そのときに光秀側の軍によって安土城は焼かれた。

その後、おこなわれたのが清洲会議である。各地に散在していた織田家の重臣たちが集まって二つの課題について討議して結論を出そうということになった。一つは、織田家を誰が継ぐのか。もう一つは、織田信長の財産を、誰が、何をもらうか、ということである。

信長には、長男・信忠、次男・信雄《のぶかつ》、三男・信孝という相続人候補がいた。そのうちの信雄、信孝が反目し合っていて、これに重臣がそれぞれついていた。柴田勝家は信孝を支持した。

一方、秀吉は、まったく別の発想をして、このときに初めて長子相続制、嫡男《ちゃくなん》の相続を唱えた。長男の信忠は、本能寺の変の際、二条城で明智軍に討たれてしまった。であるならば、長男・信忠の長男を立てるべきだと主張した。信忠の長男は三法師《さんぼうし》といわれていた。秀吉は幼い三法師をうまく手なずけて長子相続制を唱えて跡継ぎに決めてしまった。

領国の配分は、それぞれの重臣の望みを満たしてやって、その中で秀吉は領地の広さにこだわらず、京都と堺を押さえた。領地的には縮小したものの、政治機能的に重要な地を自分のものにした。信長のもとにいて、経済の重要性をわかっていたため、商業の都を押さえることを重視したわけだ。

そのことに、ほかの重臣たちはあまり異を唱えず、不平もいわなかったというのは、二つの土地の経済的価値をまだわかっていなかったということだろう。

信長と秀吉の本質的な差

信長が、衣食住に文化という付加価値を加えたことは前に書いた。さらに、その文化を支える物づくりは尊重すべきだと考え、物づくり従事者、職人たちに褒賞制度、勲章をあげる制度をつくった。たとえば、天下一の大工、天下一の石工、天下一の左官、天下一の茶碗づくり、天下一の花づくり、天下一の着物づくり、天下一の絵師、天下一の書家などなど、天下一の称号をズラリと並べて、いまでいう文化の日に、彼らを呼び出して褒美を与えた。

ちなみに、千利休は天下一の茶頭《さどう》の称号をもらっていた。信長からしてみれば、政治における天下一は俺だが、茶道においてはお前だ。そういう意味で、お前は俺と対等だよ、という評価を与えていたのだ。それが秀吉の天下になると、これを廃止してしまう。

そこに信長と秀吉との人間の質的な差があるように思う。人間の器量の差がそうさせた。

秀吉は、賤ヶ岳の合戦によって敵対した柴田勝家を北ノ庄《きたのしょう》城に滅ぼし、その後、富山の佐々成政を討ちに向かう。佐々成政は世にいう「さらさら越え」で有名だ。雪の立山連峰を越えて徳川家康のところへ行き、一緒に秀吉を討とうと共闘を呼びかけるのだが、家康にあえなく拒否されて、佐々成政は秀吉に降伏し、秀吉に許されて熊本方面の城主にされた。このとき、秀吉は、かの地は肥後もっこすの地で、彼らの自治をある程度認めないと、とくに急激に豊臣色を出すと反乱が起こると忠告した。しかし、佐々はもともと秀吉を見下していたため、俺より下の者が何をいうかと、忠告を聞かず、強圧策を取る。そのため秀吉の予見どおりに反乱が起こる。反乱は加藤清正らの応援によってようやく鎮圧するが、佐々は責任を取らされ自害させられる。その後、清正が熊本城主になるのだが、佐々退治をしたことで、秀吉に敵対していた重臣がほとんどいなくなり、ここで初めて秀吉は朝廷との結びつきを強める。

まだまだ戦国臭を残すうるさがたの大名を自分の天下に取り込むためには、ましてや名門の武士の家の出でもない、農民の出の秀吉としてはなおさら、朝廷の権威を利用しなければならなかった。そこで自分の官位を高めることに動く。秀吉は権大納言、関白、そして太政大臣と、位を極めていった。

秀吉が天下人となった瞬間

秀吉は、関白になったときに聚楽第《じゅらくだい》という屋敷をつくった。聚楽第とは、楽しみを集める屋敷といった意味だが、たんなる贅を尽くした居館ではない。役所だ。関白としての仕事をするのに、御所内にある屋敷では公家らがうるさくて、いろいろな規制を受けて自由に動けない。だから、自由に動くためには、御所の外に自分なりの役所を設けようと考えた。それが聚楽第だ。

秀吉は、ここから天皇からの依命通達を出す。天皇の命によってお前たちに達するという形式を取って、今後は土地争いのための私戦、合戦を禁ずる。このことを早々に京都に来て、聚楽第で誓え。その中継ぎは俺がするから、俺に従え、という通達だ。

これに素直に従う大名が大勢を占めたのだが、従わない大名もたくさんいた。その筆頭は薩摩の島津、四国の長宗我部、小田原の北条、奥羽の伊達。この四人は、成り上がり者の秀吉が何いってやがる。どうせおまえはすぐに引っくり返るに決まっている、と踏んでいた。

秀吉はこの連中に「征伐」という言葉を使った。討伐ではなく、なぜ征伐かといえば、天皇の命に背いたのだから、背いた奴は逆賊だ。したがって征伐に行くぞ、という理屈だ。だから征伐に行く俺の軍隊は豊臣軍ではない。天皇の軍隊、官軍が賊軍を討伐に行くんだ、という大義名分を立てた。

そして、まず四国の長宗我部を討ち、薩摩の島津を討ち、小田原の北条を討つ。この小田原攻めのときに、これはおそらく直江兼続の連絡だと思われるが、片倉小十郎という側近を通じて、秀吉の命令に従ったほうがいいとの忠告を聞き、伊達政宗は大急ぎで三〇人ばかりのわずかな供を連れて小田原へ行く。このとき、降伏の意を示す政宗に、秀吉は、持っていた杖で政宗の首筋に触れて、「ここが危なかったな」とからかったシーンは有名だ。

この瞬間をもって、事実上、日本が平定され、秀吉は実質的にも天下人となる。

このときの秀吉は信長の思想を知っていたはずだから、あゆち思想がある程度、日本中に吹き始めたな、という思いはあっただろう。

ただ、秀吉と信長の大きな違いは、自分というものの認識。つまり、信長は自分にできないものがいっぱいあるから、それをやれる人はすばらしいということで天下一を褒賞していた。秀吉は、それを全部廃止してしまった。つまり、天下一は俺だけだ。あらゆる者が俺に従属しなければダメなんだ、と思い上がった。

千利休はなぜ切腹を命じられたのか

これに一番カチンときた一人が千利休だった。利休の弟子に山上宗二《やまのうえそうじ》というのがいた。秀吉は大坂城をつくったときに、部屋全体に金箔が貼りつけられた黄金の茶室をつくった。その黄金の茶室を、山上宗二は茶道の堕落だ、成金趣味だと軽蔑して、秀吉のもとを出て行ってしまった。そして、小田原の北条幻庵《げんあん》の食客として地域でお茶を教えていた。

このころの利休の立場は、まだ秀吉に近く、大名たちから見て、表のことは秀吉の弟・大納言秀長様に、そして、内々のことは利休殿に相談する、というように秀吉政権の中で非常な権力を持っていた。利休は、この権力にやや慣れた気味もあったのかもしれない。さらに、織田信長にカルチャーを教えた、躙口を通したという誇りも強く持っていたかもしれない。

小田原征伐のときに山上宗二が発見され、秀吉の前に連れて来られた。秀吉もわだかまりがあるため、「どうだ、少しは気持ちを変えたか。もう俺のことを成り上がり者だと思わないか」といったところ、山上宗二は、「いや、依然として思っています。あなたはしょせん文化人じゃない。成り上がり根性丸出しの黄金の茶室をいまだにわたしは覚えています」とむし返した。怒った秀吉は「わかった。その口が生意気だな。口を斬れ」と。それで今度はどうだと。じゃあ、耳を斬れ、鼻を斬れ、と。結局、山上宗二は死んでしまう。

それを利休は目の当たりにして、これはやっぱりやりすぎだということで、意見をいったのだろう。秀吉はそれが気に入らなくて、利休の野郎、心の底ではまだ信長様を慕っていて、俺に屈していない。京都に戻って謹慎しろ、となった。やがて、切腹の命令が来る。

切腹の日、菅原道真のときと同じように、京都は真っ黒な空に覆われて雷がバリバリと鳴った。その中で利休は立派に腹を切った。利休は、本来は商人でありながら、武士のような死に方をしていった。

わたしは、このあたりが秀吉の一つの分かれ目だったような気がする。利休が生きていたころに、北野天満宮で大茶会をやったことがあったのだが、このときは秀吉は駕籠《かご》に乗りながら、道行く人びとに「茶会をやる。どんな割れ茶碗でも鍋でもいいから、それを持って来なさい。俺が点てた茶を振る舞ってやるから」などと、大衆の参加を求めた。

これが死ぬ前の醍醐の花見のときにはまったく違っていて、一里か二里の道は警護兵がびっしりいて、庶民は全然入れない。天下人として頂点を極めていく中で、そういうような秀吉自身の変化があったのだ。

一方で、その秀吉には、こんなエピソードもある。

信長に認められて初めての城主、長浜城主になったときに、彼の生まれ故郷である尾張中村の村人たちが、日吉（秀吉の幼名）がお城の主になったぞ、おめでたい、何か喜ぶものを持って行こうじゃないかとなった。何にしようか。日吉は昔からこの村で採れたゴボウが好きだった。ゴボウを持って行こうと、泥だらけのゴボウを縄で縛って届けに行ったことがあった。秀吉はものすごく喜び、みんなを労《ねぎら》ってごちそうを振る舞った。

さらに出世して天下人になり、関白になったとき。このときもまた村人たちがお祝いに何か持って行こうとなった。何がいいだろう。いまの流行品は越前の羽二重《はぶたえ》絹《きぬ》だ。これを越前で買って届けようとなって、みんなでお金を持ち寄って越前の羽二重を買って届けに行った。

これに対して、秀吉はカンカンになって怒った。そのころ、秀吉は、出身地・中村の税金を免除して無税にしていた。秀吉は「こんなものは、いま、俺がひと声欲しいといえば、京都中の店が持ってくる。こんな高価なものをわざわざ買いに行けるなんて、お前たちは相当金を持っているんだな。税金を負けてやっていたが、取り消しだ。二倍かけてやるから、そのつもりでいろ」と追い返されてしまった。

村人たちはびっくりして、何がいけなかったんだろうと話し合った。ある知恵者が、これはやっぱりゴボウがいいんじゃないか、といい出して、あらためてゴボウを持って行った。

そうしたら、秀吉はものすごく喜んだ。「おお、これだよ、これだ」と。「こんなもの、いまさら食いたいわけじゃない。この泥だらけのゴボウの中に俺の初心、原点があるんだ」というのだ。つまり、俺の初心・原点は全部中村にある。それをお前らは、俺が出世をしたからといって、羽二重なんぞを持って来た。そういうことに慣れてしまったら、俺はいつしか中村のことを忘れてしまうし、自分が何のために関白にまでなったのかも忘れてしまう。信長様の後継者として、あゆち思想の実現を目指すためにも、このゴボウを見ることによって、思い上がる自分を戒めて、原点に戻っているのだ。よし、税金をもういっぺん負けてやるぞ、といったという。

本来の秀吉には、こういう面がある。

同じようなエピソードは、信長にもある。ある出陣のときに、畑でグーグーいびきをかいて寝ている農民がいた。そばにいた家来が、領主が合戦に行くのに領民が寝ているとは何事だ、叩き斬ってやる、と息巻いたときに、信長がそれを制して、「いや、こういうのが俺の目指す国づくりだ。武士が合戦に行こうと行くまいと、農民は暇があれば、こういうポカポカあったかい日にはグーグー寝ていてくれることが望ましいんだ」と語ったといわれる。

豊臣政権の行き詰まりの原因

天下人となった秀吉だったが、ほぼ全国を支配下に収めたことと、信長がおこなった文化政策を廃し、ふたたび土地至上主義的な価値観に戻してしまったため、部下に配分する土地が足りなくなった。領土的に行き詰まってしまったのだ。そうなると、もはや日本国内では片がつかない。

そこで狙ったのが明（中国）だ。しかし、そこに行くには朝鮮を通らなければならない。秀吉は、朝鮮半島は日本の支配下にあると誤解していたようだ。これは対馬の島主・宗《そう》氏がそういう報告をしていたようだ。したがって、朝鮮で抵抗を受けることなく、楽々と明を征服できると考えた。このころの秀吉は愛児・鶴松を失っていたので、冷静な判断力を欠いていた。

秀吉は、最終的には明の土地を分けるつもりでいたようだ。それで、大名にはかなり実現不可能な辞令も来ていたようだ。亀井茲矩《かめいこれのり》を琉球王にするという約束もしている。これはまったくの空手形だ。そして朝鮮に上陸してから緒戦は、まるで無人地帯を行くように勝ち戦が続いたが、やがて李舜臣《りしゅんしん》の海軍が反抗し、人民軍が立ち上がり、明軍が参加すると、日本軍はどんどん押し戻された。

敗色が濃くなったときに秀吉は死んだ。これは秀吉が〝公〟の立場を忘れ、その後生まれた秀頼に天下人を世襲させたい、という〝私〟の立場に執着した報いだ。この段階で事実上、豊臣政権は崩壊した。秀吉は〝ゴボウの初心〟を完全に忘れてしまっていた。

信長は土地至上主義だと行き詰まることを見通していた。土地は大事だけれど、土地自体は有限だから、それにプラスアルファとしてのカルチャーという付加価値を重視しようとした。

しかし、秀吉はふたたび土地至上主義的な価値観に引き戻してしまったがために、政策的に行き詰まってしまった。そして、この朝鮮出兵の失敗が、豊臣政権の大きな痛手になる。

そして、家康の時代へ

秀吉の死の二年後の慶長五（一六〇〇）年、秀吉政権下で五奉行だった石田三成と、五大老だった徳川家康との間で、関ヶ原の合戦が起こる。

この関ヶ原の合戦は、よく知られているように、小早川秀秋の寝返りもあって、数では優勢だった石田三成率いる西軍は、あえなく一日で敗れてしまう。

そして、慶長八（一六〇三）年、徳川家康は征夷大将軍に任じられる。征夷大将軍というのは武家社会の筆頭に立つ存在で、日本で最高の武士になったわけだ。こうして、事実上、主権は徳川家康に移っていく。

第六章 徳川幕府という私政府
～〝武士のための政権〟が抱えていた矛盾

家康の立場の二面性

関ヶ原の合戦は、あくまで豊臣政権下での主導権争いという意味合いがある。事実、家康は関ヶ原の合戦後、豊臣家に背いた石田三成を征伐した戦いだったと、秀吉の子・秀頼に報告している。

この時点での家康の立場というのは、一方ではまだ豊臣家の家来でありながら、一方では、天皇から征夷大将軍に任命されて、日本国の武士の統括者、という二面性を持っていた。

これは一元化せざるを得ないと考えた家康は、わずか二年で、征夷大将軍というポストを早々に秀忠に譲った。これは征夷大将軍のポストは代々徳川家で世襲することを世間に知らしめるとともに、豊臣家には政権を渡さない、という宣言だ。自分は駿府城に隠居し、そこに多彩なブレーンを集めた。

南光坊天海《なんこうぼうてんかい》や金地院崇伝《こんちいんすうでん》などの僧。そして、新しいタイプのブレーンとして学者を入れた。林羅山だ。学者を登用するというのは、戦国時代には絶対になかった。羅山は朱子学を信奉していた。

このほかに集めたのが角倉了以《すみのくらりょうい》や長谷川左兵衛らの商人。そのほか、特別技能者。農政指導でいえば、伊奈忠次らに関東地方の農政を担当させる。大久保長安に鉱山開発や、道路整備などのインフラをおこなわせた。さらに外国人。オランダ東インド会社の所属であったイギリス人のウィリアム・アダムズ、オランダ人のヤン＝ヨーステンなどに貿易を担当させた。

しかし、これら多彩なブレーンが本当に取り組まされた課題は、豊臣家をいかにして正当な理由で滅ぼせるかという理論武装だった。要は悪知恵を出せということだった。

大坂の陣を正当化する世論操作

豊臣家を滅ぼすにあたって、おそらく林羅山が提唱した一つの世論形成として、わたしは中国の「易姓革命《えきせい》」があったと思っている。それは、王が徳を失ったときは、徳のある者に政権を委ねなければいけない、譲らなければいけないという考え方だ。

政権移譲の方法として、話し合いで平和裏におこなわれるのが「禅譲《ぜんじょう》」。たとえば幕末維新のときの大政奉還がそれである。もう一つは、それでも王が退かない場合には、武力行使も含めて実力で排除できるというもの。極端にいえば、殺してしまってもかまわないという思想。これが「放伐《ほうばつ》」だ。明智光秀の信長殺しも、光秀にいわせれば放伐である。

豊臣家は禅譲によって政権を譲るつもりはない。だったら、家康としては、この「放伐論」を大義として、豊臣家を追い込むしかない。そこで、家康は早々に秀忠に征夷大将軍を譲って、今後の政権は徳川家の世襲制としていく、二度と豊臣家に渡さない、という宣言を世間にした。

では、家康は、なぜこんな強硬手段を思い立ったのか。それが羅山に知恵を出させた「世論の形成」である。その核にしたのが「日本の平和化」だ。これを天下人が持つべき「徳」とした。

家康の意識の根底には、いまの日本国民が求めている平和社会の実現、これを豊臣秀頼と自分のどっちが実現できるか。それは間違いなく自分だろう、という思いがあった。

これを裏づけるのが、朝鮮出兵で関係が断絶していた朝鮮政府から対馬の島主・

宗氏を介して家康に国交回復の申し入れがあったことだ。国交断絶の原因をつくった豊臣家の嫡子・秀頼と、朝鮮出兵に加担せず、外国からも平和な統治者として評価されている徳川家康と、どちらが天下人としてふさわしいか。そうなれば、当然、世論は家康支持のほうになびいていく。これよって、多少強引だった豊臣家を討つ名目に、大義名分ができると考えた。

豊臣家に対し、大いなる挑発をおこなった。

まず、秀吉が残していった豊臣家の莫大な財力を消耗させるように仕向けた。とくに戦乱で傷んだお寺、お宮の復興のために強制的に大金を使わせた。

その中の一つ、方広寺の鐘の銘文「国家安康　君臣豊楽」という言葉に、林羅山や天海らがイチャモンをつけた。国家安康というのは、徳川家康をバラバラに切り刻んだものであり、君臣豊楽は引っくり返せば豊臣家が栄えて楽しむんだという意味に取れると、オープニングのセレモニーを中止させてしまう。この強引ともいえるこじつけが大坂の役の開戦理由になったことは有名だ。

こうして、慶長十九（一六一四）年、大坂冬の陣が起こる。

家康は自分も大坂城の築城に参加した経験があるため、容易なことで落ちる城ではないことは十分にわかっていた。難攻不落の城なのだ。秀吉自身が家康に「この城を落とすのには、本丸を裸城にすることだ」と語っている。そのときはまさか家康が大坂城を攻めるとは思っていない。そこで二段構えで考えて、冬の陣はすぐに講和する。このときの講和の条件というのが、大坂城の外堀を埋めることと、いま大坂城で雇っている失業大名、浪人たちを解雇するということ。これがおもな条件だった。

しかし、これを家康の側近である本多正信・正純父子の悪知恵によって、講和条件を破って、内堀まで埋めてしまう。内堀まで埋められたら、いかに難攻不落の城とはいえ、守れるものではない。

豊臣側は怒って、いよいよ防備を固くして、浪人を解雇するどころか、逆にいろいろな人間を雇い始めた。

徳川側は、これは約束違反だということで、今度は家康のかなり飛躍的な論理で、二度目の開戦をする。それが半年後の慶長二十年五月に起こった大坂夏の陣だ。夏の陣は約二カ月続いて、七月には大坂城が完全に落城し、淀殿、秀頼母子は自決する。こうして豊臣家は滅びた。

徳川政権が二七〇年続いた一番の理由

最大の懸案であった豊臣家問題が片づくと、家康は、直後の慶長二十年の七月に、「慶長」の年号を改元して「元和《げんな》」にする。元和というのは、「平和のはじめ」という意味が込められているとわたしは解釈している。

そして、偃武《えんぶ》諸令を発令する。偃武とは、武器を倉庫にしまって鍵をかけて二度と出さない、という意味だ。改元と偃武諸令の発布というのは、つまり、家康による平和宣言であり、同時に今後の日本国の経営方針、統治方針を表したものといえる。

この諸令の中に、禁中並びに公家諸法度《しょはっと》というのがあった。これは今後の天皇並びに皇族、公家らの職務制限を規定した法律だ。天皇・皇族たちには、伊勢神宮をはじめとする神事など、伝統的な日本の文化・儀礼の保持に専念し、政治行為、国事行為には一切タッチしない、というもの。これを時の天皇・皇族・公家たちに署名捺印させている。ちなみに、このことが、のちの幕末の維新のときに、主権がどちらにあるかをめぐって問題になるのだが。

天皇・皇族らに対する法律を皮切りに、寺社諸法度、武家諸法度……と、日本国民全員に職業別に規制の法度を適用していった。それが徳川政権による日本国の統治方針であり、同時に現在就いている職業、身分に人びとを固定化してしまった。

これが士農工商という身分制につながっていく。

このように日本国民をがんじがらめに縛った理由というのは、戦国の論理を破壊したかったことがあるだろう。戦国の論理とは、下克上だ。「君、君たらざれば、臣、臣たらざらん」という、「放伐論」につながっていくことになる。

下克上の論理は、これから徳川家が代々、日本を平和統治していこうとするうえで、とても都合が悪い。こんな旧時代の論理は粉砕しなければいけない、ということで家康が打ち出したのが、「君、君たらずとも、臣、臣たらざるべからず」という論理だ。統治する側にとっては大変都合のいい論理で、極言すれば、徳川家につまらない意見をいったり、反抗心を持つことは許さんゾ、ということ。家康の狙いというのは、下克上の思想を粉砕して、国民全体を柔順な、聞き分けのいい、飼い慣らされた犬のようにしていこうということだ。

結果的に、これによって日本国民が上を目指せなくなってしまった。みんな上を見ることなく、下を見て、小さく、小さくまとまって生きていくような、矮小化《わいしょうか》のレールが敷かれていった。

これが、その後二七〇年にわたって幕藩体制を維持できた一番大きな理由だろう。

この日をもって、幕藩体制が完成した

次に考えたのが大名統治である。諸大名にすれば、事実上、徳川家の家来になっているようなものだが、まだ制度で規定されているわけではなかった。

そんな中で、今後は徳川家に忠誠を尽くすという意思表示を、最初にはっきり行動で示したのが前田利長（前田利家の長男）だった。

前田利長は、家康にかなり目をつけられていたことから、利長の母・まつが、自ら証人（人質）として江戸城の秀忠のところへ行った。

その後、福島正則、加藤清正、黒田長政などの旧豊臣家の大名が、江戸に藩邸を設けて、証人として女房と相続人を置き始めた。これがその後の参勤交代と、大名の妻子は必ず江戸に住まうという人質制度の始まりだ。

二代・秀忠は元和九（一六二三）年に家光に征夷大将軍を譲る。家光が将軍になったとき、江戸城に外様大名を全部集めてこう宣言する。

「祖父と父はあなた方のご協力、ご支持によって天下人になることができた。しかし、わたしは違う。祖父と父はあなた方が江戸においでになるときは礼を尽くして品川や板橋の宿場まで自ら、あるいは代理をもってお迎えをし、また、あなた方が郷里に帰るときはお送りをしている。しかし、今後、それは一切しない。なぜならば、

わたしは生まれながらの将軍だからだ。したがって、今後はあなた方を同僚・同格ではなく、家臣として扱う」

大名の中には、戦国の乱世を走り抜けてきた大名がまだたくさんいた。家光の宣言を聞いて、「この若僧が！」と内心ムカッときた大名が多かったのは想像に難くない。

このときに、「いやあ、お見事、お見事」といって前にしゃしゃり出てきたのが伊達政宗だ。そして「じつに頼もしきご宣言かな。これによって徳川将軍家はご安泰の極みでござる。上様がお出かけになる必要はございません。もしも、いまのお言葉に反旗を翻すような者がいたら、この伊達政宗が討伐軍の先頭に立って押し込みます。いかがでござるか」と。

続いて、藤堂高虎が出てきて「身共《みども》も伊達殿のお言葉に賛成でござる。身共も副将として伊達殿に従って討伐に向かうから、ご不満の方は前に出られよ」となった。そのため、一座シーンとなった。老将二人がそういうなら従わざるを得まい、ということで、全員がへへーっと頭を下げた。この日をもって、徳川政権による幕藩体制が事実上確立したといえる。

そして、寛永十二（一六三五）年の武家諸法度の改定で、参勤交代が制度化され、翌々年の島原の乱を経て、寛永十八（一六四一）年、鎖国体制が完成する。これらはすべて家光の時代だ。

徳川政権の分断支配

徳川政権の管理方法というのは、序章でも触れたとおり、分断管理である。初代・家康は、幼少から青年期にかけて長く人質として鬱屈した生活を送っており、岡崎城主となってからも、部下の脱走や裏切りなどがあったため、死ぬまで家康の心の隅には、人間不信、部下への猜疑心《さいぎしん》が根深くあったのだろう。

そんなこともあって、まずポストの複数制を敷いた。老中はじめ大目付も若年寄も諸奉行も、絶対に一人制にしない。

彼の考えは、複数性によってお互いが競い合い、牽制し合うことで、一人の人間が力を持ちすぎないようにすることにあった。

また、一人の人間がパーフェクトであることはない。必ずどこか能力に欠けるところがある。そうであれば、組み合わせによって欠けている能力を持っている人間をそばにつけて補い合わせる。これが二人でやれない場合には三人、四人と多ければ多いほどいい、という考えだ。この管理職の複数制が江戸時代を通して変わらずに続いていく。

もう一つは、月番制を採用した。複数制にしながら、しかも月番というのは、あるポストの仕事に関して、ある月は一人に任せて、もう一人は自宅にいて処理できなかった書類整理などをやる、という月々の交代制度だ。有名なところでは、天保期の江戸町奉行では、遠山景元《とおやまかげもと》（遠山の金さんのモデル）と鳥居耀蔵《とりいようぞう》が交代で務め、金さんの評判がいいのに比べ、鳥居は嫌われた。複数制は幕末まで続く。

それが法制化されたのが家光の時代。このころから、合戦を経験していない〝合戦なんて知らないよ〟という世代が前面に出てくる。いまでいうスーツ組の時代になった。武断政治が終わり、文官統制の時代に変わっていく。

米経済と商人文化

時代が少し前後するが、徳川家康が大坂の陣のときに登用した商人に淀屋常安《よどやじょうあん》がいる。

二人が知り合ったのは、淀屋が徳川家康に無料で陣所を寄付したことに始まる。その後、常安が大坂の陣でたくさん出た武士の遺体処理をすることを申し出る。表向きはただでおこなうといったが、そこには商人ならではのそろばん勘定が働いていて、ただで遺体を片づける代わりに、遺体が身につけていた鎧《よろい》や兜《かぶと》、武具を一緒に片づける。これを売ってひと財産を得た。

そのようにして家康の信頼を得たうえで、次に、米の相場を立てさせてほしいと頼んだ。その独占権を与えてほしいということだった。大坂商人・淀屋常安の先見力にはすごいものがある。

米が経済の中心をなしている江戸時代では、各大名が年貢以外の米を全部大坂に持ってくる。幕府は相場を立て、立てられたその年の米価によって、ほかの物価を統制するということを考えていた。淀屋はこの米相場を立てさせてくれという。

家康は認めた。そこで淀屋は、最初は淀川の中之島という浮島のようなところで商売を始めた。ところが、米商人や仲買人がみんなそこに押しかけていくから、いちいち船で行ったり泳いでいたりしたらやっていられないということで、みんなでお金を出し合って淀屋へ渡る橋をつくった。それが、いまの大阪経済の中心である淀屋橋だ。

米経済ということは、お米が主税。ということは、農民だけが担税者であって、商人には基本的に税はかかっていない。商人に税金をかけなかったのにはもう一つ理由があって、これは儒教から来た職業観なのだが、商人は自ら何もつくっていない。

他人がつくったものを動かすだけで利益を得ている、けしからん存在だ。それに税金をかけるということは、商売という卑しい仕事を認めることになる、という理由もあった。

そこで何が起こってきたかというと、とくに成功した商人には、あり余る可処分所得ができた。贅沢三昧な生活を送るだけの金がある。しかし、あまり度を越すと、幕府に目をつけられて取りつぶされてしまう。そこで、余裕のある分を文化に投資した。つまり、書画、文学、芝居、舞踊……といった文化的なものに、余った金を投入していった。

そのため、大都市で花開いた文化は全部が商人の投資文化といえる。江戸、大坂、博多、名古屋などで発達した文化というのは、すべて商人がスポンサー、パトロンとなって育んだものだ。

唯一の例外は金沢。加賀文化は領主の前田家が積極的に自分の手で奨励し、育てあげた。九谷焼も加賀友禅も彫金も、前田家が主導した。ここだけが武家文化で、そのほかはすべて商人文化だ。

五代将軍・綱吉の時代を中心に花開いた元禄文化（十七世紀後半〜十八世紀初頭）は、その典型例である。

江戸の一極集中がもたらしたもの

江戸時代の初期は、とくに都市機能が分散していた。皇室機能、文化機能が京都。経済機能、物流の拠点が大坂。外交機能は長崎に置かれ、日本における外交交渉はすべて長崎奉行がおこなっていた。このように分散していたので、家康は江戸には何を置けばいいのかを考えた。

結論としては、政策立案機能と、地方大名を管理監督する機能があれば十分である。ということは、江戸幕府は、武士だけのことを考えればいいということになる。いまでいえば首相官邸機能と総務省があればいい、ということだ。江戸城では政策を立案し、それを全国に発信すればいい。

ところが、参勤交代と、大名の妻子を人質として江戸に住まわせるようになって、一年間の参勤中の大名と供の者の生活、常住している妻子に仕えている家来の生活の面倒も見なければならない。そうなると、商工業者の世話にならなければいけなくなる。食糧、燃料、衣類などの需要が高まり、同時に家屋の新築、修繕、生活調度品の修理も必要になる。必然的に町人が増えていく。

また、長子相続制が敷かれてしまったため、地方の貧しい次男、三男坊らが〝江戸に行けばナントカなるさ〟と、どんどん江戸に出て来る。そのため、江戸の人口がだんだん膨れ上がっていった。やがて江戸が一〇〇万人都市になって、武士と町人が半々になった。

結果的に、家康が最初考えていた「江戸は武士の都であり、政治都市である」という理念を崩さざるを得なくなってきた。それとともに、町人に対する政治行政も必要になってきた。

そうなると機敏な商人は、商売を独占したり、特許権を得るために、幕府の要人に対して政治献金をするようになる。これを冥加金《みょうがきん》、あるいは上納金などといって、一種の賄賂《わいろ》だが、これが慣行化された。そういう中から特権商人が生まれ、政と商の癒着がしだいに恒常化していく。

身分的には士農工商の一番劣位に置かれながらも、商人の力、つまり金の力が、実際には農の上に行った。こういうことが、それまで分散していた機能の江戸一極集中的な流れを生んでしまう。皇室機能はともかくとして、それまで上方にあった芝居小屋や戯作者《げさくしゃ》、出版社といった文化機能もしだいに江戸へ移ってきた。元禄文化は大坂を中心とした文化だったが、十一代将軍・家斉のころに頂点を極めた化政文化（十九世紀前半）は、江戸中心の文化である。

高度成長期における幕府のリーダー

江戸時代前期に隆盛した元禄文化は、将軍でいえば、家光のあとの四代・家綱、そして五代・綱吉のころにピークを迎えた。

綱吉は、好学の将軍で漢籍に詳しかった。参勤してきた大名たちを集めては、よく論語や五経、大学などを講義していたという。上がそうなると、下々もそういう気風が、とくに江戸の城下町に浸透していき、文学活動が盛んになった。

綱吉はまた宗教心が厚かった。自分でも護国寺など、大規模なお寺の創建をすると同時に、民間にも盛んに勧めたため、土木建設を中心にした経済成長が際立った。

ちなみに、江戸時代を通じて、大きく三回の高度成長期がある。元禄期と明和・安永期、そして文化・文政期である。

先に整理しておくと、高度成長期はすべて幕府のトップが独裁者だった。元禄は綱吉、明和・安永は田沼意次、文化・文政は十一代将軍・家斉。そのときは、老中などの幕閣の集団指導制はほとんど機能していない。側用人など独裁者の意向をくんだ腹心が手足になって動いているだけで、組織としては機能していないといっていい。

逆に、高度成長の反動で、経済が大きく停滞した期間も、江戸時代を通じて大きく三回ある。元禄のあとの享保期、明和・安永のあとの寛政期、文化・文政のあとは天保期だ。

このときは逆に、幕府の正規の組織が機能し、強力な指導者のもと、幕閣たちがしっかり役割を果たしていたという共通点がある。

赤穂浪士事件の背景にあるもの

元禄時代に話を戻すと、この時期は重商主義が取られた。国庫収入を年貢（米）に依存する重農主義ではなくて、商人が納める上納金、冥加金を大いに活用した。一種のバブル状態だ。

文化活動にも空前絶後の隆盛をもたらした。そして同時に、生活の中に新しい文化がもたらされたので、ある程度余裕がある、とくに大商人の家族などの消費力が高まった。文化的な生活を享受したいというニーズを生んで、文化の浸透というよりも、文化をバックにした経済の成長によって内需が高まった。このことが高度成長をもたらした。

ところが同時に、民心を退廃させ、とくに武士の堕落が起こってきた。武士も非常に華美な暮らしをする。その家族も贅沢になってくるという現象を生んだ。

そうなると、いつの時代もそうだが、その状況を嘆く層が出てくる。武士の心はどこへ行った、と。

そういう時代背景の中で起こったのが、赤穂浪士事件である。赤穂浪士事件は、浅野内匠頭が江戸城内で刀を抜き、吉良上野介に斬りつけるという違法行為をおこなったために、切腹させられる。その主人の仇を討つべく、取りつぶされた旧赤穂藩の家臣団が吉良邸を襲った事件である。

これは明らかに浅野に非がある。幕法では江戸城内では絶対に刀を抜いてはいけないことになっている。その法律に背いたのは浅野だ。切腹させられても文句はいえない。にもかかわらず、浅野の旧家臣は徒党を組んで、主君の仇討ちという行動に出た。

この仇討ちを、幕府が容認しているふしがある。当時の江戸の町は、治安維持のため、夜になると辻ごとに柵が置かれて、自由な往来ができなくなっていた。ところが、討ち入りの日に限って、柵が外されていた。そうでなければ、四十七人もの集団が堂々と吉良邸に討ち入って、帰りもまた討ち取った首を掲げたまま泉岳寺まで行進していくなど、到底考えられない。これは明らかに江戸町奉行、あるいはその上層部（柳沢吉保）の黙認だ。江戸城内にあった吉良の屋敷を、事前に郊外の本所に移転させたのも、討ち入りをしやすくしたためだと考えられる。

なぜ、幕府が討ち入りを黙認したのかというと、それだけ世論が赤穂浪士たちに傾いていたことと、それに加えて、元禄バブルの甘い汁を吸って、たるんでいた武士たちの心を引き締める狙いもあったのだろうとわたしは見ている。

生類憐れみの令と正徳の治

五代将軍・綱吉の政策で有名なものに「生類憐みの令」がある。

犬をはじめとする動物が人間より大切に扱われているので、天下の悪法といわれたが、幕府の末端にいけばいくほど小役人の判断で拡大解釈して、住民いじめがひどくなっていった。

いずれにせよ、結果的に野良犬がすごく増えてしまった。一説には十万頭を超え、やたらと人に噛みついたりする。さすがになんとかしなければ、となって、現在の東京都中野区に十六万坪の敷地を設けて国立のお犬小屋をつくった。そこに、犬役人、犬医者といった犬の世話をする人間が大勢、税金で雇われることになる。

そんな悪法であったが、綱吉は死ぬときに六代将軍の家宣を枕元に呼んで、どんな悪法といわれようとも生類憐みの令は絶対に保て。俺が死んだからといってすぐ廃止するなと遺言をした。

しかし、六代将軍・家宣は、ブレーンとして仕えていた学者・新井白石の進言によって、綱吉が死んだ翌日に生類憐みの令に廃止の断を下す。ちなみに、この新井白石と間部《まなべ》詮房《あきふさ》という側用人の二人が、家宣時代の正徳の治といわれる政治を実質的におこなった中心人物だ。

新井白石が重要政策として取り組んだのは、貨幣改鋳《かいちゅう》だ。元禄バブル期に乱発された金《きん》の含有量が少ない貨幣が、いまの世の乱れの元になっている。貨幣に信用がない。したがって、幕府が発行する貨幣の信用をもう一度取り戻さないといけない、ということで、貨幣改鋳をおこない、いまの財務大臣にあたる勘定奉行・荻原重秀のクビを進言する。彼が商人と結託して悪貨をつくりながらピンハネをして私腹を肥やしている、というのがその理由だ。

このとき、徳川政権で初めて、学者がブレーンとしてではなく、実務権限を握って、閣僚の一人というより、総理大臣であるかのごとき振る舞いをするようなことが起こった。そのため、うまくいっているときはよかったが、政策と現実のズレが生じてくると、老中など正規の役人から猛反発を食らうようになる。

結局、新井白石と間部はその座を追われ、元禄のバブル経済も崩壊する。その後に訪れたのが、バブル崩壊後の反動的な不況だ。これが享保期である。

元禄バブルの崩壊と享保の改革

元禄バブルのツケを背負い、綱吉の乱れた政治の尻ぬぐいをしなければならない立場に置かれたのが、八代将軍・徳川吉宗だった。

吉宗の時代になると、江戸における町人人口が膨れあがっていった。そうなると、武士以外の市民の存在を無視しては幕府政治が成り立たなくなってきた。これは江戸以外の大坂、名古屋、博多などにおいても同じだ。市民に十分な権利が確立されていたわけではないので、主権という意識はまったくないのだが、幕府としては、市民の意見を聞かなければ政治は成り立たないということを、おそらく吉宗になって初めて認識した。

享保の改革で吉宗は何をやったか。江戸幕府が開かれたとき、慶長八年の日本の人口が、おおよそ一三〇〇万人程度だったといわれている。そして明治維新のときが三三〇〇万人。江戸時代の二七〇年間における日本の人口増は二〇〇〇万人だった。しかし、吉宗の時代にすでに二五〇〇万から三〇〇〇万になっていたといわれる。
なぜそんなに増えたのかというと、食糧増産である。そもそも江戸幕府が計画していた年貢、米の生産量というのは、大ざっぱにいって日本人一人について米一石だ。幕初は一三〇〇万石程度の米の生産があれば、食糧が過不足なく自給できて、年貢が完済されるという計算だった。

そんな状況の中で、吉宗は人口を増やすために、さらなる米の増産を目指した。しかし、日本の農業技術では限界があるので、長崎で交流がある中国、オランダといった外国の優れた知識、技術、あるいは道具、工具等を輸入して高めようと図った。

元禄バブルの時代には、自分さえよければいいという気風が広まっていた。重商主義に傾いて、商人と結託して日本の富を再生産するという流れになっていた。吉宗は、そういう元禄の悪弊を取り除きたいと考えた。元禄バブル時代の国民のエゴイズムを、いわば心の赤字と見た。

そこで、享保の改革で、吉宗は幕府におけるバランスシートに生じている赤字をゼロにする努力とともに、国民の心の赤字もクリアして、古き良き日本人の心を取り戻そうと考えた。その基幹になる政策は重農主義で、前代の重商主義から、農を重んじる方針に切り替えるということだ。

さらに、国民に美しい心を取り戻させるには、元禄時代からあちこちに残っている悪しき歓楽施設をなくさなければいけない。そこで首都である江戸の町を管轄する江戸町奉行に、伊勢山田奉行であった大岡忠相《ただすけ》を登用した。大岡には、関東地方の農業振興も担当させた。

江戸庶民の意見を聞く目安箱もつくった。これは吉宗が和歌山城主であったときにすでに実験済みだった。つまり、吉宗は紀州・和歌山城主時代の地方行政で成功した政策を中央に持ってきて、取り入れたのである。

ただし、吉宗が和歌山城主から将軍になるときに、江戸中央政府の既存の組織には手をつけなかった。旧組織のリニューアルをした程度だった。人事異動も大岡忠相を登用したのが一件と、もう一つは大奥をリストラした。この二つだけだった。

これには、自分もリストラされるのではないかと戦々兢々《せんせんきょうきょう》としていた幕府の面々は、ほっと胸をなでおろした。組織は変えないし、大きなガラガラポンの人事異動もやらない。吉宗は名君だ、ということになった。

しかし、じつはこれには吉宗の巧妙な仕掛けがあった。一つは、現職の閣僚を一人ひとり呼んで、担当を聞いて口頭試問をしている。

「A君、君の担当は何だ」「わたしは財政担当です」「幕府の今年度の予算はいくらだ。

補正予算を組まなくても間に合うのか。そして年度末には……」といったことを聞いた。

が、聞かれた老中は、

「細かいことは全部、下の人間がやっているので、わたしはわかりません」

「B君、君の担当は何だ」「わたしは軍事を担当しております」「治にいて乱を忘れず、大事なことだ。いま使える人数の陸軍はどのくらい、江戸城にしまってある鉄砲は何丁、槍は何本、軍旗は何本だ」と。これも「下の者に任せてあります」と何も知らない。

質問攻めにあった老中たちは、御用部屋に戻ってきたときには冷や汗びっしょりで、さすがに自らの勉強不足を反省した。あんな初歩的なことを知らないのは恥ずかしいことだ、ということで認識をあらためるようになった。

ただ、そんなたるんだ幕閣の中に、岡崎城主の水野忠之という人物がいた。彼だけが自分が担当する職務に関するすべてのことに、すらすらと答えられた。この水野をいまでいう総理大臣兼財務大臣に任命して、水野と、江戸町奉行の大岡の二人が、吉宗を支えた両翼になった。

ちなみに、江戸時代の三大改革は、享保の改革の実行者が吉宗を中心に、大岡と水野。寛政の改革は吉宗の孫の松平定信。天保の改革をおこなった老中の水野忠邦は水野忠之の子孫。江戸時代の三大改革は吉宗一派とその直系でおこなったといっていい。

享保の改革の成果

では、吉宗が紀州から連れてきた部下たちはというと、お庭番という役職に就かせた。お庭番という役職は、表向きは江戸城吹上御殿の管理人で、植物や池の鯉の世話をするのだが、実際には市中調査をした。改革に対しておもに大名家、旗本が協力的か、あるいは批判的か、それを庭に出てきた吉宗に報告する。だから、お庭番というのは吉宗改革の進行管理をする監視、目付である。いまの言葉でいうと幕府内オンブズマンの役割を負っていた。

そういう組織によって、目安箱に投ぜられたものの中から、いい意見を採用し、おもに環境改善、町づくりに活かしていった。たとえば、悪しき歓楽施設について大岡がどんどん弾圧、規制をしていく。しかし、それでは江戸は潤いのない窮屈な町になるから、代わりに子どもを連れて家族ぐるみで楽しめるようなレクリエーションの地を設けた。いまも残る隅田堤、多摩川堤、飛鳥山などの桜の名所だ。そして、元禄時代の野良犬の収容所の跡地に三万本の桃の木を植えた。東京都中野区にいまも残る桃園という地名の由来だ。

また、山本周五郎さんの『赤ひげ』のモデル、小川笙船《おがわしょうせん》という医者が、江戸の町に身寄りのない年寄りがいっぱいいる。お上の手で施療施設をつくってくれるなら、われわれ町医者が交代で看病に当たると投書したので、これを採用して小石川養生所をつくった。そして、小川笙船を初代の所長にした。

小川は所長を引き受ける代わりに、条件を出した。国外から入ってくる漢方薬が高すぎる。それをなんとかしてほしいと。実際、朝鮮人参一本買うために娘が身売りするようなことが起こっていたので、これはなんとかしなきゃいけない。それには漢方薬の国産化を図ることだと吉宗は大岡に相談する。

そこで大岡は、植物学者の青木昆陽《あおきこんよう》をチーフとした漢方薬の国産化プロジェクトチームを組んで、養生所の隣に薬草園をつくった。現在、その小石川薬草園跡は東京大学の所管で、小石川植物園内に何百種類という立札がついた薬草の苗が一般公開されている。

米経済の限界と、無視できなくなった市民の力

吉宗は、別名、米将軍といわれた。米の増産を図り、また、財政安定のために、年貢増徴政策をおこなった。さらに、米の値段によってほかの物価を統制しようと考えた。しかし、当時すでに貨幣経済が広く浸透していたこともあり、米価による価格統制には限界があり、結果的には大岡でさえ防ぎようがないほどに価格体系が乱れていた。つけ加えておけば、吉宗の米の増産を担当したのが大岡である。本来なら勘定奉行の仕事だ。大岡は農村のエキスパートを幕府役人にして増産に努力した。結果はしかし「米安の物価高」という現象を生んだ。

また、享保期の終わりには、天災が続き飢饉が起こった（享保十七〈一七三二〉年）。このとき、市民が加わって米蔵などを襲った打ち壊しが、江戸市中で初めて起きている。

このことは、米経済の限界を示すとともに、主権という視点でいえば、為政者は意識していなくても、市民が確実に力をつけて、政治を動かし始めていたということになる。

田沼意次の重商政策と高度成長

田沼意次は紀州出身で、吉宗が将軍になったとき、父・意行《おきゆき》がその供をして江戸城に入った。田沼家は、和歌山城時代は薪役人で、いたって下級の身分だったという。それがどんどん才覚を現し、十代将軍家治のころには、意次は老中にまでなっている。

田沼意次は、吉宗の重農政策を転換し、重商主義に切り替えた。同時に、吉宗がおこなった長崎港からの外国の文物の貿易で輸入超過になって、日本の貨幣がかなり外国へ流出してしまっていたので、この均衡を図った。

そこで、流出した日本の貨幣を取り戻そうということで、輸出振興を図った。おもに目をつけたのが中国で、ここは食の国で、海産物の需要がある。ふかひれ、いりこ、昆布などの海産物が、日本の三陸から北海道にかけて豊富に獲れる。これを中国に盛んに輸出した。これは俵物といって、実際にものすごく利益を上げた。

もう一つは、吉宗政策の中にもあった漢方薬の国産化。これをもっと大規模にやろうとした。それには専門家を雇ったほうがいいと、のちに〝日本のレオナルド・ダ・ビンチ〟といわれた平賀源内を讃岐《さぬき》（香川県）から呼び寄せ、青森から九州まで、源内が持っている科学知識を生かして漢方薬になる植物、草木を探させた。こうして漢方薬の国産化が図られていった。

さらに、士農工商の身分制で一番劣位に置かれた商人は、現実的には、どの身分よりもはるかに可処分所得があった。そんな商人たちの金の使い道を文化の振興に向けさせた。そのため、明和・安永年間（一七六四〜一七八一年）には、経済の高度成長が起こる。

賄賂哲学と情実人事

ただ、田沼意次には賄賂好きという悪癖があった。田沼自身は、現在の静岡県相良町の六万石の石高しかない。当時の幕閣では手当など出ないため、必要な経費は全部自分の領地から送金してもらう。しかし、六万石などという小大名では、国元でそれをまかないきれない。それを知っている小役人や大商人らが、江戸・神田にあった田沼の屋敷に付け届けをする。もちろん、その中には賄賂が入っている。田沼は遠慮なくそれを懐に入れた。

彼は独自の賄賂哲学を持っていて、武士は金をバカにするが、これは生きていくうえで大事なもの。そんな大事なものをくれるのだから、その人はよほど俺に好意を持っている、と考えた。だから、賄賂を贈ったのが江戸城の係長だったら、次の人事異動のときには課長をすっ飛ばして、いきなり部長にする。商人であったら、競争入札などではなく、随意契約で指名する……そんなことをずっとやっていた。

そんなやり方は、しだいに世論が許さなくなる。しまいには「田や沼や　汚れた御世《みよ》を　改めて　清くぞ澄める　白河の水」という落首が読まれるようになった。

これは賄賂づけの田沼政治にあきれ果てた江戸市民が、福島県白河藩主である松平定信に交代してほしい、という期待の表明だ。

松平定信が待ち望まれた理由

なぜ、白河藩主であった松平定信がそれほど人気が高かったのか。定信は、日本で最初の老人の日と、公立公園（いまも残っている福島県立南湖《なんこ》公園）をつくるなど、すでに名君として誉《ほま》れ高かったからだ。

松平定信が制定した老人の日というのは、現在のように年一回ではなくて毎月あり、小峰城（白河城）の大広間に多くの年寄りを呼んで、ごちそうをして意見を聞いていた。

年寄りの意見によって、当時、農村でおこなわれていた間引きをやめさせるために米の増産を図る。そのために新田開発をする。新田開発には当然、灌漑用水《かんがいようすい》がいる。それには水源がなければいけない。その水源として南湖という沼がある。これを利用しつつ、南湖のまわりを公園にしたらどうかとも老人たちは進言した。あなたの祖父・吉宗公は江戸に桜とか桃を植えたけど、それは春だけだから、南湖のまわりでは春夏秋冬折々の植物を植えたらいいのではないか。そうすれば仕事も生まれて、失業者救済にもなる。ということで、日本初の公立公園づくりに着手する。

江戸市民は、そんな定信の実績を知っていたため、先の落首になった。

田沼意次の失脚と入れ替わるようにして江戸城にやって来た松平定信は、寛政の改革に着手した。

寛政の改革――誰に向けた改革だったか

改革の大きな一つは、江戸城の役人（国家公務員）の叩き直しである。学問吟味という再試験をおこなう。再試験をおこなうからには、その試験に権威を持たせなければいけない。そこで、幕府大学頭《だいがくのかみ》である林家の私塾・昌平坂《しょうへいざか》学問所を国立の大学に昇格させ、そこで学問吟味をおこなうことによって権威を持たせた。そして、たとえ現役の役人であったとしても、試験に落ちた者はその職を奪った。

もう一つは、江戸湾の石川島に人足《にんそく》寄せ場をつくって、無宿人などに職業訓練をおこなう施設をつくった。そこでつくらせたものを市販して、得た利益の半分を人足寄せ場の管理費に回し、半分は貯めておいて、社会復帰したときに持たせた。その石川島人足寄せ場の所長が長谷川平蔵、池波正太郎さんの小説で有名な鬼平だ。

また、吉宗がつくった小石川養生所の収容人員が増えて、幕府財政の金食い虫になっていた。そこで、松平定信は、祖父・吉宗が重視した江戸市民の権利と義務ということに頭をめぐらせた。吉宗の時代、消火隊は大名火消しと旗本火消しという武士の消防団しかなかった。それを吉宗は、町人も初期消火ができるような組織を持つべきだと考え、大岡忠相に「いろは四十八組」をつくらせていた。これは権利の主張だけでなくて、義務も果たせ、ということだ。

同じことを定信も考えた。小石川養生所の運営について彼が目をつけたのは町会だった。町会長を全部集めて、町会費を少し倹約せよ。そして、その倹約額の七〇%、七分を小石川養生所の運営費に回すようにさせた。それまでの小石川養生所の運営費は、税金による公助と、家族による自助の二本立てだった。そこに互助、互いに助け合うという七分積立金という町会費からの負担金を組み入れた。いまの介護保険料のような仕組みだ。

その意味では、寛政の改革というのは、その対象がほとんど市民に向けた施政だ。目安箱で市民の意見を聞いていた吉宗から、今度は施政の主たる対象者が武士ではなくて、市民にウエートが置かれていくようになったのだ。

また、学問吟味をするからといって、文（学問）だけを大事にするのではなくて、武術の修行にも努めろと命じた。江戸城の武士は文武に努めよと。これが「世の中に蚊ほどうるさきものはなし　文武文武と夜も寝られず」という落首になった。

松平定信の寛政の改革がおこなわれたのは、将軍は十一代家斉の前半のころだ。じつは二人には因縁があって、定信は八代将軍・吉宗の直系である御三卿の田安家の長男、家斉は同じく御三卿の一橋家の出身。若いころは、定信のほうが英明の聞こえが高かったので、十代将軍・家治の跡継ぎに目されていた。ところが、家斉の父・治済《はるさだ》は一橋家から将軍を出したいと考えた。で、田沼意次と結託した。田沼も定信のまじめさ、学者肌、倹約一辺倒では、自分の政治が粛正される危険があるため、治済と組んで白河藩の松平家に定信を押し込み、息子の家斉を将軍にさせることに成功した。

にもかかわらず、結局、最後には、治済も田沼を裏切って、定信を老中として迎えることに積極的に口をきいて、息子の家斉に登用させた。が、その後、事件が起こった。

松平定信の失脚と爛熟文化の始まり

それは、家斉が自分の父親、一橋治済を幕府の名誉職である大御所にしてくれと定信に頼んだことだ。大御所というのは将軍経験者でなければなれないので、筋を重んじて定信は断った。そのため将軍の覚えが悪くなった。

同じことが皇居でも起こった。天皇が自分の父親を上皇にしようとした。ところが、その父親は宮様のままで終わった人だった。上皇というのは天皇経験者が隠居したあとの敬称なので、定信はこれも認めなかった。

そのため、朝廷と将軍家が結託して、自分らの要求を入れない定信はけしからんとなって、辞任させてしまう。以後の定信は、白河楽翁《らくおう》と号して、白河藩でふたたび善政の指揮を執るようになる。

松平定信は、祖父・吉宗の倹約政策を手本にし、また、洒落本の山東京伝を処罰するなど、庶民の娯楽・風俗への締めつけが厳しく、江戸庶民の反感を買った面があった。「白河の　清きに魚の　住みかねて　もとの濁りの　田沼こひしき」などの落首も読まれたりしたが、定信の失脚自体は、失政によるものではない。田沼時代は一部の登用者らによる独裁制になっており、それを正統な幕府体制に戻すというので、定信は大名たちからの支援、支持が高かった。しかし、朝廷と将軍家の同時に起こった尊号問題で失脚してしまう。

十一代家斉は、前半は緊縮的な幕政改革に熱心だったが、定信失脚後の後半は、文化・文政の享楽文化を自らが先頭に立って招来する。

家斉は正妻、側室合わせて四十五人、子どもが五十一人というスサマジサ。さすがに幕府でも養いきれない。男の子は大名家の養子に、女の子は大名家の妻に押しつけた。ちなみに、もらった側は将軍家から来たお嫁さんだということで門を赤く塗る。これを御朱殿《ごしゅでん》（御守殿）といった。文京区の前田家の御朱殿門、これがいまの東大の赤門だ。

また、これ以降、日本の各地の大名で斉の字を名乗っているのは、ほとんど家斉とのつながりだ。水戸の徳川斉昭をはじめとして、薩摩の島津斉彬《なりあきら》もそうだ。

家斉時代の後半は爛熟した文化政治とでもいう、享楽的な傾向が強まった。そのため、このときが江戸期ではもっとも文学や絵画などのアーティストを輩出した時代でもある。

これもお金の出し手は商人で、家斉が先導して、その空気を育てた退廃的・享楽的な町人の文化である。

明治維新は天保の改革から始まる？

市民の存在を認めざるを得なかった吉宗時代、あるいは行政サービスの主たる対象が市民となった定信時代であっても、徳川家自体に主権在民、民主主義的な思想が生まれたわけではない。むしろ、吉宗も定信も、徳川幕府のステータスをもう一度取り戻したい、衰えた幕府の威勢をもう一度確立したいという強い思いを持っていた。

そんな落ちた権威を短期間で一挙に取り戻そうとしたのが、水野忠邦の天保の改革（一八四一～一八四三年）だ。

天保の改革の動機の一つに、天保年間に起こった大塩平八郎の乱がある。これは二七〇年続いてきた徳川幕政史の中では例がなかった。大塩平八郎はれっきとした幕府の役人、大坂の町奉行所の与力だった。そういう者が反乱を起こしたということは大変な衝撃で、その影響を受けて類似の事件が各地で次々と起こった。

水野忠邦の改革というのは、文化・文政の爛熟した世相、要するに家斉政治の否定であり、一掃するのを目標に置いた。それが江戸市民の生活を弾圧することが主体になる。衣食住に関するいろいろな規制が次から次へと出てきた。

また、幕威をもっと確立しようとあせった挙句に、江戸十里四方を直轄にするという政令を出した。この中には幕府の実力者の領地なども入っていたため、結局、彼は老中の職を追われることになる。わずか二年余の急進改革政権だった。

退任の日、江戸城を出て渋谷の下屋敷に帰るときに、たくさんの市民が待ち構えていて、いっせいに水野に石を投げつけたという事件が起こっている。こんなことは幕政史上初めてのことだった。総理大臣が退任した日に市民がみんなで石をぶつけたなどということは、いかに締めつけが厳しかったかということだ。

この天保期に活躍した江戸町奉行が鳥居耀蔵と遠山景元（遠山の金さん）だ。鳥居耀蔵は昌平坂学問所の主宰者・林家の次男で、当然、朱子学でカチカチに凝り固まった堅物。一方、遠山金四郎の事績を見てみると、水野が出した政令やお触れをかなり握りつぶしている。実施の日を遅らせたり、あるいはそのまま知らん顔をしたりした。

それくらい、水野改革は厳しく、江戸中から評判が悪かった。上下あげておののくばかりといわれたほどだ。

そのため、明治維新は天保から始まるという説がある。要は、幕府に対する憎しみの根を水野が植えつけた、ということだ。

国防問題が浮上する

天保の改革で注目すべき課題の一つに、国防の問題があった。

すでに十八世紀半ばごろから、ロシアの船がたびたび日本近海に現れ、通商を要求するなどしていて、寛政の改革をおこなった松平定信は、国防の必要性を感じていた。

その後もロシアやイギリス、アメリカなどの外国船が相次いで来航し、幕府も国防を意識せざるを得なくなってきた。

そこで、松平定信は近藤重蔵や間宮林蔵、松田伝十郎らを千島・樺太などに派遣したり、蝦夷を直轄地にして、北方警備を強化した。しかし、日本の国を守ろうにも正確な地図がない。そこで伊能忠敬に全国を測量させて、日本地図を完成させたのもこのころだ（完成は忠敬没後の一八二一年）。

このようにして、定信のときに初めて芽を出し始めた国防問題が、幕政の緊急課題として本格的に取り上げられるようになったのが、水野忠邦が改革に動いた天保期だ。その担当になったのが二十二歳で老中となった阿部正弘。備後・福山藩主だ。のちに老中筆頭として、日米和親条約を締結する人物である。

第七章　明治維新という政治・経済事件
～地方経済から見た討幕運動

黒船襲来と市民の国政参加

ペリーが黒船を従えて浦賀沖に現れたのが嘉永六（一八五三）年。

それ以前の十八世紀末ごろから、隣国のロシアをはじめとして、イギリスやアメリカが日本の沿岸に現れ、さかんに通商を要求していた。しかし、江戸幕府はそれを拒み続けた。

相次ぐ異国船の来航によって沿岸の住民とのトラブルも起こっていたため、幕府は文政八（一八二五）年に異国船打払令を出して、それら異国の船を問答無用で打ち払う方針を取っていた。

しかし、アヘン戦争（一八四〇～一八四二）で隣の大国・清がイギリスに敗れたことに衝撃を受けた幕府は、薪水《しんすい》給与令を出して、薪（燃料）と水を与えて穏やかに帰ってもらう方針に転換した。

そんな時代の流れの中で、ペリーが大きな黒船四隻を従えてやってきた。空砲を放つなど、派手なデモンストレーションをおこない、武力行使をちらつかせながら開国を要求してくるペリーを、幕府は追い返すことができず、フィルモア大統領の国書をしぶしぶ受け取ることになる。そして、翌年、日米和親条約が結ばれる。一六四一年以来、二〇〇年以上続いてきた鎖国体制の終わりだ。

日米和親条約の内容は、下田や箱館（函館）の開港、薪水の供与、下田の領事駐在を認めるなどの内容だが、要は、アメリカ側の一方的なものだったとはいえ、これから両国は仲良くしましょう、といった意味合いの条約だ。

ペリーがなぜ日本にやってきたかというと、産業革命を果たした先進国が最大のマーケットとして狙ったのは、じつは中国（清）だった。イギリスなどは、アヘン戦争を起こしてまで中国と貿易したかったくらいで、アメリカもそのあとを追いかけていた。しかし、太平洋を隔てて反対側にあるアメリカは、はるばる航行している間に燃料・食糧の不足、乗組員の病気などの問題が出てくる。そこで、中継地として目をつけたのが日本だった。

実際、ペリーが最初に持ってきたフィルモア大統領の国書の内容を見てみると、中継地の役割をお願いしたいというのが趣旨だった。このときはまだ日本との貿易は、それほど念頭に置いていなかった。日本の製品で商売になるものなどないと見くびっていた。

このとき、老中首座・阿部正弘は、まずフィルモア大統領の国書を和訳させて日本中にばら撒いた。大名、あるいは直参、大名の家臣、在野の学者のみならず、しまいには一般の市民にまでに及んだ。これは幕府始まって以来の国難だから、われわれ幕閣だけではどうにもならないので、よい意見があったら国民からも出してくれ、ということだ。

結果的に、それまでの徳川政権ではあり得なかった情報公開と市民の国政参加を求めることになり、論語でいう「民はよらしむべし、知らしむべからず」の方針できた江戸幕府の統治力の弱まりとともに、開国推進派と尊王攘夷派に分かれて激しくぶつかり合う幕末動乱へのきっかけとなっていく。

序章に書いたように、保守派の代表・井伊直弼《いいなおすけ》（彦根藩主）は阿部に、「そんなことをしたら反幕思想を持つ過激派を跳梁《ちょうりょう》させるだけだ」と警告した。事実そのとおりになった。攘夷派志士の出現である。攘夷派は尊王と結びつく。これがさらに倒幕（討幕）に発展していく。この国内騒乱の起爆者は阿部だ。これが阿部の想定内であったかどうかはわからない。

不平等条約をもたらした〝言葉の問題〟

日米和親条約によって、初代の総領事として下田に駐留していたハリスは、貿易をしなければ日本を開国させた意味がないということで、幕府に通商条約締結をたびたび迫る。その結果、一八五八年に日米修好通商条約が結ばれた。そのときの幕府の責任者は大老・井伊直弼だ。ちなみに大老とは、緊急時に置かれる幕府の最高職だ。

開国反対派を押し切り、天皇の勅許《ちょっきょ》を得られぬままに強引に結んだにもかかわらず、日米修好通商条約は、極端な不平等条約だった。

日本に入ってくる輸入品の関税率を決める自主権がないこと、領事裁判権を認めたため、在留アメリカ人を日本の法律では裁けないことなど、のちの明治新政府の最大の外交課題になる。

ちなみに、この不平等条約は、徳川幕府が外交交渉に不慣れだったということもあるが、もう一つ別の理由もある。言葉の問題だ。

寛永十八（一六四一）年以来、日本が鎖国政策を敷いている中で、長崎港だけは開けておいて、中国、オランダ、朝鮮（対馬を通じて）とは交流が許されていた。

西洋の学問はオランダに絞られた。

そのため、江戸時代の知識人は、医学や科学技術、芸術などの最新知識をオランダ語を通じて学んでいた。幕末でも、佐久間象山、勝海舟、福澤諭吉、大村益次郎、橋本左内といった知識層は、みんな必死になってオランダ語を学んだ。しかし国際語はすでに英語になっていた。

このことを知らなかったために、アメリカに続いてほかの列強とも結んだ通商条約も、すべて日本にとって不平等条約だった。

これは翻訳の問題で割を食った面も大きい。とくに貨幣の兌換率《だかんりつ》、一ドルとか一ポンドといった相手の貨幣と日本の金の交換比率が、みんな日本にとって不利な条件になってしまい、海外にどんどん金が出ていくとともに、物価が急上昇した。経済は大混乱に陥った。

尊王攘夷運動の高まりの裏に

開国による社会の混乱とともに、尊王攘夷運動が急激な高まりを見せていく。

なぜ尊王攘夷論が出てきたかというと、いろいろな要因が絡まっているのだが、渋沢栄一らの回顧録を読んでも、経済的な要因が大きいといっている。

日米修好通商条約によって横浜などが開港されたとき、日本からの輸出品で一番人気が高かったのが、お茶と生糸だった。お茶の最大の輸出国はイギリス、生糸はフランス。

彼らは独占貿易を考えた。日本の生産体制は、鎖国体制だったために、日本の総人口三〇〇〇万人が困らないだけの生産で事足りていた。それが輸出によって需要が急激に増えて、値段が一気に上がってしまった。そこに一部の悪徳商人が乗じた。米をはじめ食糧から生活用品など、みんな価格を吊り上げていったので、国民の生活が急に苦しくなった。

その原因は何かといえば、開国だ。貿易を始めたからこういうことになる。それをやったのは誰だ、幕府だ。では、そもそも幕府にそんな権限があったのかというと、幕府の代表者である征夷大将軍は、天皇から辞令をもらっている。天皇の任命によってその地位を得ているのなら、征夷大将軍はしょせん天皇の家来じゃないか……という論理で、急に朝廷と天皇が脚光を浴びて、攘夷論が尊王に結びついて尊王攘夷論になる。一方の開国論は佐幕、つまり幕府を守ろう、ということで佐幕開国論になり、対立軸になっていく。

尊王攘夷を唱える長州藩、やがては薩摩藩もそうなるのだが、この両藩の後押しをしたのがイギリス。佐幕開国論の後押しをしたのがフランス。そのため、維新は英仏の代理戦争のようにもなってしまった。が、そもそもは、お茶と生糸のケンカだ。

このへんのことは、イギリスの駐日外交官だったアーネスト・サトウが『一外交官の見た明治維新』（岩波文庫）の中で詳しく書いている。いわく、明治維新の実現という意味で、江戸幕府に対する最大の謀反人はサトウ、つまり、自分自身と、死の商人ともいわれたイギリスの豪商グラバーの二人だ、と。

地方経済から見た討幕運動

わたしが明治維新は政治事件であるとともに、経済事件だと考えているもう一つの理由に、地方経済の問題がある。

徳川政権では、約二七〇あった藩、大名家はすべて十割自治であったため、主権はかなりの部分が地方にまかされていた。それぞれの藩が、独立した地方自治体として二七〇色の地方行政、経済活動をおこなっていた。

ところが、徳川家康が朱子学を取り入れたがために、士農工商の身分制によって、商人を社会的に一番の劣位に置き、商活動を軽んじたため、経済面で矛盾が起こった。

十割自治ということは、地域経済を自己完結的にそこでおこなわなければいけない。そのためには藩の中でできる製品に付加価値をつけて市場価格を高め、商売をしなければならない。つまり、藩（大名家）は現在の商事会社みたいなものになる。ところが、社員である藩士の大部分が誇り高く、ソッポを向いて社業に努力しない。自社（藩）製品（産物）の売り買いには貨幣が動くにもかかわらず、武士は食わねど高楊枝と、これを否定している。当然、矛盾が起こる。その矛盾が積もり積もって爆発したのが、わたしは明治維新の大きな要因だと考えている。

このことをもう少し詳しく説明すると、十割自治を強いられた各藩は、苦しい台所事情と、貨幣経済の進行の中で、藩内だけで通用する藩札を大量に発行した。あまりに大量に発行したために、藩札の信用度が落ちてくる。

本来なら正貨一両と藩札一両を一対一で交換できなければいけないのに、藩は手持ちの正貨の五〇倍、一〇〇倍も藩札を発行するから、藩札の信用がどんどん落ちていく。正貨一両に対して藩札一〇両が必要になり、やがては五〇両、一〇〇両が必要になっていった。

つまり、五〇両、一〇〇両分の藩札を集めても、それは正貨一両の経済効果しか生めないということになる。いまでいうと不良債務。これが返済しきれなくなり、どの藩も大きな累積赤字を生んでいた。借金に圧《お》しひしがれて、にっちもさっちもいかなくなっていたのだ。

乱発した藩札が不良債務化するにしたがって、各藩の財務状況はさらに苦しくなっていった。破滅的なところさえあった。いまでいえば不良債務によって自己破産する地方自治体のようなものだ。西南雄藩ではこのことに早く気づいた。彼らは、

「藩を苦しめるのは江戸幕府だ」

と考えた。つまり、いまでいえば地方自治体の実情も知らず、意見も聞かずに勝手なことをする。地方に過大な負担を押しつける（公共工事など）。それが藩を苦しめている。にもかかわらず、なんの救済策も取らない。そこで、

・幕府（中央政府）を倒すか、あるいは改良するかの政治改革を断行する。それには、自分の藩が思いきった改革をおこない、自ら経済力を身につけなければならない。それによって軍事力を強化する。

・その藩政改革も、いままでのように、たんに経費節約をスローガンに、武士の綱紀を粛正したり、精神主義ではすまない。むしろ藩内産業を振興して、生産力を強め、生産品に付加価値をつけて、市場競争力を高めることが必要だ。

この観点に立って、薩摩藩や長州藩は大胆な藩政改革を始めた。というより商売を始めた。

それには藩士が武士は食わねど高楊枝を捨てて、いまでいえば商事会社の社員になるような意識改革が必要だった。薩摩藩も長州藩も下級武士が率先して、これをおこなった。これを成功させれば、自動的に藩政の経営権（主権）が下級武士に下降してくるからだ。幕末における下級武士の活躍は、たんに政治目的だけではない。そろばん勘定も密接にリンクしている。

長州藩では〝三白《さんぱく》〟と呼ばれる蝋《ろう》・紙・米などの生産に力を注いだ。薩摩藩では南方諸島の黒糖を専売化し、同時に、支配下に置いた琉球国を通じて、清（当時の中国）との貿易にいそしんだ。それも密貿易だ。

両藩とも大いに利益を上げた。そして、この利益を討幕のための洋式武器の購入費にあてた。だから討幕の先頭に立った薩長は金持ちだったのだ。

このように、討幕諸藩のスタートは、すべて自藩の「経済力を強めよう」というところから始まった。そしてこれがいまでいえば、政府（幕府）からの独立割拠（完全な地方自治の確立）をもたらした。吉田松陰でさえ松下村塾の門下生に経済の重要性を説いている。

明治維新が政治的事件というだけでなく、経済的事件の側面も濃いと考えるのは、こういう事情による。

攘夷から開国へ

開国推進派と尊王攘夷派の対立は、それが外国に対してどういう態度を取るか、ということだけにとどまらず、将軍の跡継ぎ問題にも波及した。

当時の将軍は十三代・家定だった。家定は病弱だったために、後継を誰にすべきかという問題が浮上していた。紀州徳川家の徳川慶福《よしとみ》を推す血統尊重派と、英明の聞こえ高かった一橋慶喜を推す、国難対応の能力を重視する派との対立が起こる。

一橋慶喜を担ぎ上げようとしたのが、老中・阿部正弘を中心に、薩摩の島津斉彬、伊予宇和島の伊達《だて》宗城《むねなり》、土佐の山内豊信（容堂）、越前・福井藩主の松平慶永《よしなが》（春嶽）らだ。

阿部は日米和親条約締結にあたって、広く国民に意見を聞くとともに、それまで譜代に限られてきた幕閣の構成に、外様グループを加えようとした。譜代大名だけではこの国難を負いきれない。外様大名の中で力のある人に参加してもらう。その際、能力のある者を選り分ける一つの基準として、大きな海に面したところに領地を持っている大名とした。これらの大名家は、すでに外国船との接触があって、防衛意識が高いからだ。

そこで、薩摩の島津、土佐の山内、伊予宇和島の伊達、玄界灘に面した肥前佐賀の鍋島、日本海の中央、越前の松平らを全部引き入れようとしていた。いわば万年野党も加えた連立政権をつくろうとしたわけだ。

慶喜擁立は成功しかけた。しかし、天皇の勅許をもらうための朝廷工作の段階で、井伊直弼に引っくり返されてしまう。井伊の論理は「将軍を誰にするかは徳川家の内輪の問題だ。当主と忠実な番頭（たとえば井伊家）が集まって相談すればいい。外様にまで意見をいわせるとは何事か。すべて阿部のせいだ」ということだ。

そうこうしているうちに阿部が死に、島津斉彬も死んでしまい、慶喜擁立は失敗に終わる。

尊王攘夷論を唱える連中の主張は、天皇の勅許を得ずに、徳川幕府が勝手に外国と条約を結んだのは越権行為である、ということだった。

これに対して井伊が主張したのは、徳川家康が幕府を開いたときに、元和偃武令の中で、天皇の国事行為に対する制限をしたはずだ。政務は幕府、征夷大将軍に委任された。天皇は伊勢神宮の行事、あるいは日本古来の文化の保持等、限られた職責を果たせばよいことになったのだから、当然、外交権も幕府にある。どの国と、どういう条約を結ぶかは幕府の判断でできるとした。つまり、外交権を含む日本の主権は武士政権である徳川幕府にある、という論理だ。

結局、大老になった井伊が、紀州の徳川慶福を立てて十四代将軍・徳川家茂《いえもち》とした。そして、開国に反対し、攘夷を主張する一派を退けた。それだけでなく、自分と対立し、勅許問題で騒いでいる連中と、一橋慶喜を担いだ連中を全員罰した。これが安政の大獄だ(一八五八〜一八五九年)。

このときに井伊がもっとも嫌ったのが、尊王攘夷を主張する在野のオピニオンリーダーである思想家、学者たちだった。これは官職に就くことなく、あらぬ説を唱えては民衆をたぶらかし、扇動しているということで厳しく弾圧した。

ちなみに、明治維新の成立過程の中でいうと、この安政の大獄によって、それまで芽を出していた個人や個人のグループ、つまり、学者、思想家といった連中はほぼ全員、芽を絶たれた。安政の大獄以後は、個人や個人グループの力は弱くなってしまい、藩という組織単位での争いに変わっていく。

坂本龍馬や中岡慎太郎といった個人に属する志士たちが、ギリギリのところまでがんばったという例外もあるが、二人とも暗殺されてしまう。思想的には坂本は平和革命(倒幕)、中岡は武力革命(討幕)でまったく対立する。にもかかわらず同じ日に同じ場所で殺されたのは、二人が郷士であり正式の藩士ではなかったからだ。

実務的に明治維新を成立・実現させたのは、藩に身を置いて最後まで脱藩しなかった連中だった。具体的には、西郷隆盛、大久保利通、小松帯刀《こまつたてわき》、桂小五郎、伊藤博文、井上馨《かおる》、山県有朋、大村益次郎、後藤象二郎、江藤新平、副島種臣《そえじまたねおみ》、大隈重信などだ。そして中岡慎太郎の武力討幕論を信奉していた。

これらの人びとには、さらに下級武士という共通点もある。いまでいうと県庁の係長クラスが維新を実現させて、そのまま新政府の大臣になって職責をこなしていったということだ。

三たびの王政復古——大政奉還と私政府の終わり

安政の大獄で恨みを買った井伊直弼は、安政七（一八六〇）年に桜田門外の変で暗殺されてしまう。大老という幕府の最高権力者が暗殺されるというのは、江戸幕府にとって前代未聞の出来事で、幕府の権威は完全に失墜した。

一方で、藩政改革に成功した長州藩や薩摩藩の活動が目覚ましくなってくる。薩摩藩主の父・島津久光は、無位無官の身で朝廷と幕府を結びつける公武合体を進め、一方の長州藩は朝廷に働きかけて、攘夷活動を活発化させていく。

その後、薩摩藩は、久光の行列に馬を乗り入れたイギリス人を殺傷した生麦事件に端を発し、イギリスと鹿児島湾で武力衝突（薩英戦争。一八六三年）を引き起こし、大打撃を受ける。

一方の長州藩も、関門海峡を通る外国船に砲撃を加えた報復から、イギリス、フランス、オランダ、アメリカの四国連合の砲撃を受け、さんざんな目にあった（四国連合艦隊下関砲撃事件。一八六四年）。

これらの戦いを通じて、両藩とも攘夷の不可能を知り、以降、政策を一八〇度転換して開国に踏みきる。欧米から積極的に技術を導入し、軍備の近代化を進めていく。

そして、当初は犬猿の仲だった両藩が手を携えて、討幕への道を進めていくことになる。

その二つの藩の間を取り持ったのが、坂本龍馬だ。

先に、明治維新というのは基本的に藩に属し、脱藩しなかった人間がつくり上げたと書いたが、坂本龍馬は、その中で最後まで生き残った個人といえる。

坂本は大政奉還のもとになる「船中八策」を後藤象二郎に示した。そこには、身分制は廃止すること、護民官としての役人は市民の入れ札、つまり選挙によって選出すること、そして、選出された護民官同士でまた入れ札をおこなって、管理・監督者を選び出すこと、などの提言をしている。そういう日本の新体制を前提にして、将軍は大政を朝廷に返すべきだという趣旨だ。

船中八策は多少の形を変えて後藤象二郎から前土佐藩主・山内容堂に提案され、容堂の名前で幕府に建言、十五代将軍になっていた徳川慶喜が受け入れ、慶応三（一八六七）年十月十四日、大政奉還がおこなわれる。

徳川慶喜としては、表向き主権は朝廷に返しても、源頼朝以来七〇〇年にもわたって政治行政は武士が行ってきた。天皇、朝廷にはもはや統治能力はない。そうなれば政治行政の練達者である徳川家がもう一度実権を握れる、と踏んでいた。

一方の、武力討幕を目指し、戦いの準備を進めていた薩摩、長州などの雄藩は、大政奉還という平和的な禅譲に肩透かしを食った。

そこで、薩摩の西郷隆盛や大久保利通、長州の木戸孝允《たかよし》らが、公家の岩倉具視《ともみ》とはかって、大政奉還から一カ月半たった十二月九日にクーデターを起こし、天皇親政の新政府樹立を宣言する王政復古の大号令を打ち出す。さらに、その後の小御所会議で、徳川慶喜の官職と領地の没収を決める。徳川家を没落させることで、挑発して挙兵させ、討幕の大義名分を得るためのクーデターだ。

これをきっかけに翌年、薩長を中心とした官軍と、旧幕府軍との間で鳥羽伏見の戦いが起こり、旧幕府軍は敗北する。

こうして、約二七〇年続いた徳川私政府が終わりを告げる。王政復古の大号令のもと、主権は三たび天皇の手に引き上げられた形となった。

この章のまとめとして「幕末維新の見方」の鍵を二つ提供しておく。

一つは、幕末は〝第二の戦国時代〟だということである。第一の戦国時代の武器は刀・槍・鉄砲だった。第二の戦国時代の武器は思想と言論だ。

そのために第一の戦国時代にはなかった現象が表れた。即ち最初は個人の学者が社会を主導した。それがグループになり、藩という組織に飛び火した。しかし安政の大獄でこの芽は絶滅されてしまった。その後は藩の政争になり、学者たちが唱えた論の都合のいいところが利用（悪用）された。

しかしそうなる必然性は幕初からあった。それが二つめの事柄である。

「幕藩体制」という仕組みである。幕府は中央政府でありながら大名には十割自治を認めている。しかも幕府の政策決定者である老中は、譜代とはいえどこかの藩主だ。つまりいまの地方自治体の首長だ。こういう半身の態勢で国政に専念できるだろうか。現に第二次長州征伐のときも参加大名軍は、長州と戦うことよりも自分の領地での農民一揆を心配している。

だから幕府という機関は、はじめから不安定な卵の山かトーフの上に乗った政府だったのである。いつ潰れても仕方のない運命を当初から負っていた、といえる。

第八章　下級武士がつくった明治政府

～歴史は繰り返す、はここでも……？

明治維新実現の、第一功労者

明治維新後つくられた新政府は、やがて「藩閥《はんばつ》政府」といわれるようになる。藩閥を構成していたのは「薩長土肥」といわれた。薩摩藩・長州藩・土佐藩・肥前佐賀藩の四藩がその核になっていたからだ。核になっていたというのは、この四藩の出身者が政府の幹部のほとんどを占めていたということである。薩長土肥はいずれも西南雄藩だ。しかも特性がある。それは、

「徳川幕府を倒す前に、藩自体がきびしい藩政改革を成功させていた」

ということだ。行政的にも財政的にもかなり力を蓄えていた。しかもその藩政改革を実現したのがすべて下級武士であった。そのため、

「明治維新は、西南雄藩の下級武士たちが実現した」

ともいわれるのだ。それでは徳川幕府を倒し明治維新を実現したこれら諸藩の下

級武士たちは、新政府でどういう待遇を受けたのだろうか。もちろん中には坂本龍馬のように、

「おれは入閣しない。それよりも世界の海援隊をやりたい」

といった変わり種もいる。が、多くの藩士たちは、やはり、

「新政府で、それなりのポストを得たい。そして、自分がいままで蓄えてきた青春の志をこの国で実現したい」

と願っていた。いわゆる〝志士〟の到達点である。手っ取り早くこのことを検証するために、まず明治新政府の職制から見ていこう。

慶応三（一八六七）年十二月九日に、「王政復古」の大号令が出された。このとき、王政に戻った政府は制度を改め三職制を敷いた。三職というのは総裁・議定・参与であり、この下に七科をおいた。七科というのは、神祇事務科・内国事務科・外国事務科・海陸軍務科・会計事務科・刑法事務科・制度事務科である。三職の選出基準は次のとおりだ。

・総裁　皇族
・副総裁　公卿

・議定　皇族・公卿・諸大名
・参与　公卿・諸大名・徴士（各藩の藩士）
具体的に、だれが任命されたかを見てみる。
・総裁　有栖川宮熾仁《たるひと》親王
・副総裁　三条実美・岩倉具視
・議定　小松宮嘉彰・山階宮晃・中山忠能・正親町三条実愛・中御門経之・島津忠義・徳川慶勝・浅野長勲・松平慶永・山内豊信・長谷信篤・岩倉具視・三条実美・伊達宗城・聖護院宮嘉言・徳大寺実則・知恩院宮博経・細川護久・万里小路博房・有栖川宮熾仁・鷹司輔熙・近衛忠房・鍋島直大・白川資訓・亀井茲監・鍋島直正・蜂須賀茂韶・毛利元徳・東久世通禧・池田章政
・参与　大原重徳・万里小路博房・長谷信篤・岩倉具視・橋本実梁・岩下方平・西郷隆盛・大久保利通・丹羽淳太郎・田中不二麿・辻将曹・桜井元憲・久保田秀雄・中根雪江・酒井十之丞・毛受鹿之助・後藤象二郎・神山郡廉・福岡孝弟・正親町公董・烏丸光徳・戸田忠至・溝口孤雲・津田信弘・田宮如雲・由利公正・十時摂津・

西園寺公望・荒川甚作・林左門・東久世通禧・徳大寺実則・久我通久・壬生基修・四条隆謌・広沢真臣・井上馨・小原忠寛・楫取素彦・土倉正彦・西四辻公業・長谷信成・東園基敬・醍醐忠順・寺島宗則・町田久成・五代友厚・木村得太郎・沢宣嘉・鷲尾隆聚・伊藤博文・林通顕・小松帯刀・吉井友実・松尾相永・松尾相保・高倉永祜・四条隆平・岩倉具定・柳原前光・秋月種樹・正親町実徳・中院通富・三条西季知・木戸孝允・大原重徳・堤哲長・白川資訓・吉田良義・岩倉具綱・坊城俊章・五条為栄・植松雅言・万里小路通房・石山基正・平松時厚・愛宕通旭・五辻安仲・亀井茲監・中川元績・吉田良栄・鴨脚光長・松室重進・土肥謙蔵・青山小三郎・土肥典膳・井関盛艮・平田鉄胤・毛受鹿之助・長岡護美・荒尾成章・橋本実麗・副島種臣・長谷川景隆・大隈重信・中山忠愛・成瀬正肥・坊城俊政・横井小楠・小河一敏・大木喬任・井上石見・橋本実陳・大原重朝

ご覧になったように、幕末から明治維新史に関心のある方はほとんど馴染みのある名前ではなかろうか。つまり、

「生き残った功労者」がほとんど網羅されている。そしてその構成も、皇族・公卿・大名・大名家の家

臣（藩士）が漏れなく名を連ねている。これがいってみれば、

「明治維新実現の、第一次功労者」

と見ていいだろう。しかし参与の中で気がつくのは、各大名家の家臣の中で、上層部の武士はほとんどいない。ほとんどが下級武士である。この名を連ねた連中が、実際には幕末の社会を駆けずりまわって、徳川幕府を倒し、新しい政府の土台づくりにいそしんだのだ。その意味で、この参与の表は、そういう各藩の努力者たちをほとんど網羅しているといっていい。

〝天皇親政〟の真の主役たち

しかし前に書いたように、けっして上級武士ではなくすべて下級武士である。そしてこれらの人びとが、具体的な仕事をするために七科にそれぞれ配置された。この三職制は明治元年二月三日（したがって実際にはまだ慶応四年）に改正される。さらに明治元年閏四月二十一日には、三職制が廃止され、

「太政官制《だじょうかんせい》」

に変わった。太政官制にすることによって、先年の十二月九日に宣言した「王政復古」が、実際に政府機構として実行されることになる。太政官というのはいうま

でもなく、

「天皇の親政する政府」

のことである。こうして、大化の改新、建武の新政に引き続き、

「天皇が主権を持つ」

という政府ができあがったのである。しかしこの天皇親政政府は、各藩の下級武士たちが縁の下の力持ちどころではなく、実際に政治の表面に立って堂々と動きまわってつくり上げたものだ。それがしだいに政府機構や人事の変遷によってあきらかになっていく。

太政官制の組織は次のとおりだ。

太政官をトップにその下に立法府として議政官をおく。また執行機関として行政官をおいた。立法府である議政官には上局と下局がおかれた。行政官のほうは神祇官・会計官・軍務官・外国官・民部官がおかれ、さらに地方の役所として府・藩・県がおかれた。

しかしこの組織は明治二年七月八日に改正され、それまで行政官の下にあった神祇官がトップにおかれ、新しい組織は神祇官を先頭にその下に太政官がおかれるというふうに改められた。その後も太政官制は改正されるが、明治十八年十二月

二十二日に「内閣制度」が制定されるまで続く。そこでこの太政官制に組み込まれた人たちをつぎに掲げてみる。

神祇官は、中山忠能・三条実美をトップに、白川資訓・近衛忠房・福羽美静などの公卿がこれにあてられた。

太政官は、右大臣に三条実美、大納言に岩倉具視・徳大寺実則・鍋島直正・中御門経之・正親町三条実愛、その下に参議として、副島種臣・前原一誠、大久保利通・広沢真臣・佐々木高行・斎藤利行・木戸孝允・大隈重信があてられている。

民部省には、民部卿として松平慶永・伊達宗城・大木喬任があてられ、その下に大輔として、広沢真臣・大隈重信・大木喬任・井上馨、そして少輔として伊藤博文・吉井友実・井上馨があてられた。その下に民部大丞があり、中村弘毅・津田正臣・山口尚芳・加賀伊忠・井上馨・渡辺清・得能良介・松方正義・秋月種樹・吉井友実・河田景与が配されている。

大蔵省は、大蔵卿に松平慶永・伊達宗城・大久保利通が配され、その下の大輔に大隈重信があてられ、少輔として伊藤博文・吉井友実・井上馨が配されている。大丞としては山口尚芳・加賀伊忠・井上馨・得能良介・上野景範・井田譲などが命ぜられている。

兵部省には、兵部卿に小松宮嘉彰・有栖川宮熾仁が任命され、大輔として大村益次郎・前原一誠・山県有朋、そして少輔に久我通久・山県有朋・川村純義、そして大丞に黒田清隆・山田顕義・河田景与・勝安芳・川村純義・鷲尾隆聚・船越衛・西郷従道・井田譲が命ぜられている。

刑部省は、刑部卿に正親町三条実愛、その下の大輔に佐々木高行・松本暢・斎藤利行が任命された。

宮内省は宮内卿に万里小路博房、その下の大輔に烏丸光徳があてられた。

外務省は、外務卿に沢宣嘉、大輔に寺島宗則、そして大丞に町田久成・井関盛良・勝安芳・丸山作楽・鮫島尚信・柳原前光があてられた。

工部省には卿は欠員で、大輔に後藤象二郎があてられている。

集議院（この当時設けられた議事機関）には、上局の長官に大原重徳があてられ、次官に阿野公誠と照幡寛胤、下局の次官に神田孝平と丸山作楽が命ぜられている。

明治新政府、組織と人事の変遷から見えてくるもの

この制度は明治四年七月二十九日に改正された。これは、「廃藩置県（藩が廃止されて代わりに政府の地方機関である県がおかれたこと）」

によって中央政府の組織も改められたのである。一応人名を掲げるが、煩わしいので面倒の方はお読みにならないでも結構だ。あえて人名を挙げているのは、「明治新政府がどのようにその組織と人事を変えていったか」ということをあきらかにしたいがためだ。その限りでは、その変遷だけをご覧になっていただいて結構だ。

・太政大臣　三条実美
・左大臣　島津久光・有栖川宮熾仁
・右大臣　岩倉具視
・内閣顧問　島津久光・木戸孝允・黒田清隆
・参議　木戸孝允・西郷隆盛・大隈重信・板垣退助・後藤象二郎・大木喬任・江藤新平・大久保利通・副島種臣・伊藤博文・勝安芳・寺島宗則・伊地知正治・山県有朋・黒田清隆・西郷従道・川村純義・井上馨・山田顕義・松方正義・大山巌・福岡孝弟・佐々木高行

これらの参議が、内務省・外務省・大蔵省・陸軍省・海軍省・司法省・文部省・

工部省・宮内省・神祇省・開拓使などに分散して、それぞれの責任者に配置された。

ここまで、大雑把に三機関の政府組織とそこに配置された人事を見てみた。はじめは、前に書いたように、

「維新実現に功績のあった人びとをマクロ的に政府に投入した」

という感があるが、太政官制になってからは少しその様相が変わってきた。

たとえば太政官の大納言には、鍋島直正という大名が公卿の間に入っている。またその下の参議の全員が、薩摩藩・長州藩・土佐藩・肥前佐賀藩の下級武士たちで占められている。さらに民部卿の三人の中に、大木喬任という肥前佐賀藩の下級武士が任命されている。また大蔵卿の中には大久保利通が堂々とふたりの大名と肩を並べている。さらに兵部省にあっては、兵部大輔に大村・前原・山県の長州藩出身の下級武士がそのポストを独占している。刑部省にも大輔に佐々木高行が任命されているし、外務大輔にも寺島宗則が進出している。工部省は大輔に後藤象二郎が任命されている。

つまり、最初に政府の主要ポストを占めていた皇族が少しずつ後退しはじめているのだ。だからといって、その分だけ大名が前へ出てきたというわけではない。大名もしだいに後退させられる。それが、明治四年の改正による「新太政官制」のと

きにもっとはっきりしてくる。ここでは、その公卿や大名の後退が、「下級武士と同じポストに任命される」

という現象によってはっきりする。改正太政官制では、薩摩の藩主の父であっても、かつて無位無冠の立場にあった島津久光が堂々と左大臣に任命されている。そしてその下に連なる参議の中には、薩長土肥の下級武士がほとんど網羅されている。この中にはもう公卿も大名もいない。全部が薩長土肥の下級武士である。

そして「内閣」の発足

そして明治十八年十二月二十二日に新設された「内閣」では、次のような顔ぶれになった。

・総理大臣　伊藤博文
・外務大臣　井上馨（代理として大隈重信・山県有朋）
・大蔵大臣　松方正義
・陸軍大臣　大山巌
・海軍大臣　西郷従道

・司法大臣　山田顕義
・文部大臣　森有礼
・農商務大臣　谷干城
・逓信大臣　榎本武揚
・書記官長　田中光顕
・法制長官　山尾庸三・井上毅

内閣にはもう公卿も大名もいない。すべてが、藩閥といわれていた薩長土肥のかつての下級武士ばかりだ。

明治新政府の活動も、実際にはこういう下級武士たちが主となって、諸々の改正をおこなった。明治新政府の改革事業について、詳しくは書けないが、廃藩置県・府県の統合整備（三府七十二県にした）、華士族の職業の自由、税制改正（地租を創出）、国民の身分を皇族・華族・士族・平民の四種類にしたり、陸海軍の設置、近衛兵の設置、庄屋・名主・年寄などの廃止、学制改革、太陽暦の採用、紀元節の設置、消防組織の改正（いろはなどの組を解散）、電信や鉄道の敷設、徴兵制の設置、断髪廃刀を認める、穢多非人の称の廃止などがある。福沢諭吉の、『学問のすすめ』が出版されたのも、このころのことである。

そして、明治新政府の〝らしさ〟を示す諸改正は、主として明治四年の廃藩置県以降から、明治六年にわたっておこなわれた。この間、岩倉具視をキャップとするアメリカやヨーロッパの使節団が派遣されている。つまり、

「日本がアメリカやヨーロッパの先進国の制度を取り入れて、参考にしたい」

ということを目的におもむいたものだ。そして、ここに書いたような諸改革がその留守中におこなわれた。留守中の総責任者は西郷隆盛だ。これに江藤新平・大木喬任・副島種臣・大隈重信などの肥前佐賀藩の下級武士たちが参議として腕を奮った。だから、明治初年の諸改革は、アメリカやヨーロッパの見学のために、政府の首脳部がほとんど留守にしていたときに、思い切っておこなわれたといっていい。これは肥前佐賀閥の功績である。

歴史は何度も繰り返すのか

明治維新はいうまでもなく、

「王政復古」

を標榜しているのだから、当然、

「主権はふたたび天皇に戻った」

といっていい。しかし実際にはどうだろうか。新政府の諸事業はほとんどが藩閥といわれた、薩長土肥の下級武士たちによっておこなわれた。ということは、実質的には明治維新では、

「主権は下級武士に移った」

といえる。天皇親政とはいいながらも、天皇が実際に政策を考え出し、

「これを実行せよ」

というようなことはなかった。おそらく下級武士たちがつくった政策に対し、

「認めよう」

と判を押して、実行させたのだ。その意味では、天皇と下級武士とは直結していた。しかしその間の公卿やかつての大名たちの存在は、しだいに薄くなって諸権限を奪われてしまった。公卿や大名の持っていた権限はほとんどが下級武士に移行した。

徳川幕府が国政を担当していた江戸時代の主権は、徳川幕府にあり、そのトップに立っていたのが征夷大将軍と称する徳川家の当主だった。しかし実際には、

「地方主権」

といっていいような地方自治が約二七〇に及ぶ各藩（大名家）でおこなわれていた。

江戸時代の藩はすべて十割自治だった。

「自地域内における行政計画は自分で考え、その財政的措置も自分でおこなう」

ということを建て前としていた。その限りにおいては、徳川幕府は日本の主権を完全に握っていたとはいえない。そのかなりの部分が、地方自治体である各藩の行使するところとなっていた。だから幕府はもちろん大名を統制していたが、隅々までその権能が及ぶことはなかった。かなり大雑把に大名の自治を認めていたのである。したがって、幕末になって、

「徳川家も大名の一人ではないのか」

という論や、

「徳川幕府は、徳川家の私的政府ではないのか」

というような論が起ってくるのも、ある程度現実を踏まえた考え方だったのである。

幕末の各藩の下級武士たちは、自分の藩の改革を積極的におこない、幕府を倒す力を養ってそれを実行した。そして明治新政府をつくった。明治新政府は、

「下級武士が成立させ、同時に運営した政府である」

といっていい。が、変化が起った。それは明治五（一八七二）年に制定された前

述の身分制の改正である。つまり日本国民の身分を皇族・華族・士族・平民の四つに分けたものの、結果的には明治新政府を支える下級武士たちの多くが新設の、

「華族」

の中にみずからを繰り込んでしまったのである。華族の主体は主として公卿たちだったが、その中に大名も入れ、同時に自分たち（下級武士）も入った。ということは、この本の中でしばしば問題にした、

「武士が貴族になると、必ず生活がゼイタクになり、またその精神も堕落する。武士であったころの初心原点を忘れてしまう」

ということが、ここでもまた起こったのである。下級武士はそれぞれ権力者になった。ヒトとカネを左右する立場に立った。しだいにそれに慣れた。外を装う身分制度も自分たちでつくり、その中に没入した。華族になった下級武士たちの暮らしは、国民からしだいに離れていった。

かつての源頼朝や徳川家康が嫌った、

「武士の貴族化」

が目の当たりになった。こういう状況に怒ったのが西郷隆盛だった。かれの〝西南の役〟には、そういう怒りの思いがこめられている。

「幕末に、国民のために立ち上がった志士たちの姿は、いったいどこへいったのか?」

ということも、西郷の挙兵の原因の一つだ。もちろん長州藩の大村益次郎や山県有朋たちが提唱した、

「国民皆兵制度」

の導入によって徴兵制が敷かれたために、武士の失業のスピードが余計に早まった。薩摩藩は他藩にも例を見ないほど武士のシェア(占有率)が高い。これがすべて失職する。これを憂えた西郷が、

「失業武士の救済を急いでほしい」

と願った。しかし新政府は徴兵制を敷いて、西郷のこういう要望を無視していく。歴史は繰り返すといわれる。天皇親政を謳った明治維新の事実上の主権者は、ここに書いたように薩長土肥を中心とした下級武士である。主権を手にした下級武士たちは、表向き、

「万民のため・国民のため」

などと口にはしたが、その行動はけっして言葉どおりではなかった。やがては馬車に乗り華美な服を着て、そっくり返って人民を睥睨《へいげい》するようなものになった。山県有朋がつくった官僚制度は、その典型で、昭和二十(一九四五)年、太平洋戦争

に敗れるまでは、日本の主権は高級官僚の手にあった。わたし個人は、

「官僚制と官僚主義は違う」

と思っている。つまり、組織ができれば必ず官僚制ができる。そうでなければ、組織の秩序と安定は保てない。官僚主義というのは国民に対して慇懃無礼《いんぎんぶれい》な態度をとり、情報を隠し、そして、

「その件については検討いたします」

というような、曖昧な言葉でごまかすことをいうのだ。官僚制は必要だ。これは民間会社も同じだからである。ただし、役人の場合は、

「あくまでも国民の僕《しもべ》である」

というパブリック・サーバント（公僕）の精神は保たなければならない。なぜならば、給料の支払主は国民だからである。こうして明治以来エリート官僚の手に握られてきた主権が、一九四五年の敗戦によって、新しく憲法が制定されてはじめて国民の手に渡る。日本の歴史は、一七〇〇年ぐらいかかって、ようやく一般生活者の手に主権が下りてくるところまできた、といえるだろう。

しかしその国民が手にした主権も、時折、言葉だけのもので、実際には、

「得体のしれない怪物たち」

の手で、運営されているような経験をわたしたちはしばしば味わう。

「主権在民」は本当にわれわれが実感できるものなのかどうか、そういう検証をするためにも、あえてこの本では、「主権を一つのモノサシ」にして日本の歴史をたどったものである。

おわりに

歴史的事件を点（団子）として考え、それを一本の線（串）で貫こうという、かなり荒い仕事を試みた。が、実際には満足できない。苦い味が残る。それはわたし自身がこの問題をどう考えているのか、という課題が残っているからだ。

新憲法によって国民の一人ひとりに渡された「主権」をどう守り、どう活用するのかは今度はわたしたち自身の問題になる。つまり主権の保持は〝ヒトゴト〟ではない。〝ワガコト〟なのだ。

わたしは〝ワガコト〟として対応してきただろうか、と自問する。このことはわたしだけではないだろう。国民主権の時代になってすでに七十年近く経つ。アメリカからペリーがやってきたとき、時の幕府老中筆頭・阿部正弘はフィルモア大統領の国書を公開し、広く国民の意見を求めた。いまでいう情報公開と国民の政治参加の要請である。

保守層の代表である井伊直弼は、「二百六十年も〝よらしむべし・知らしむべからず〟の状況におかれた国民に、そんなことをしてもマゴつくだけだし混乱が起こる、と非難した。事実そのとおりになったが、しかし混乱の中から新しいパワーが出現し、維新を実現させた。

パワーの実体はいったい何だったのだろう。それは草莽《そうもう》と呼ばれる民たちの目に見えぬ協同の力だったと思う。それもラチをはずれた力ではなく、自分の言動に責任を持つ、即ち〝人間自治〟を完成させていた新しい人びとだったのだと思う。

わたしは最近この〝人間の自治〟ということを改めて考えるようになった。その視点でもう一度人間の道程であった「修身・斉家・治国・平天下」というプロセスを考え直すと、つぎのようになる。「個人の自治の確立・家庭の自治の実現・地域の自治の実現・日本国の独立と自治の確立」。

とくにいまは崩壊が強く叫ばれる〝家庭〟の再建が急務だ。社会や政治のせいにばかりできない。自身の自治、家族の一員としての自治をキチンと確立しているのか、という自身への問いかけから始めるべきだろう、というのがわたしの自戒である。そしてここでいう自治というのは、「主権者としての権利と責任（義務）」のことである。

そう考えると戦後七十年は長いようでけっして長くはない。わたしたちはまだ主権を真に自分のものにしていないのかもしれない。あるいはしたくてもできない状況があるのかもしれない。井伊直弼が阿部正弘に告げた、「武士政権が、民をよらしめる（頼り、信じる）政治をキチンとおこなっていれば、民は情報なんか欲しがらない」という言葉（わたしなりの意訳）は、じつは重大な真理を含んでいる。

前に新書で出したこの本を文庫化するに当たって、かなり加筆・改筆したところもある。そのための助言、協力の労を惜しまなかった青春出版社の中野和彦さんにお礼を申しあげる。

童門冬二

※本書は二〇一〇年に小社より『2時間で教養が身につく 日本史のツボ』として刊行されたものを、文庫化にあたって加筆・改題したものです。

青春文庫

日本史《にほんし》は「線《せん》」でつなぐと面白《おもしろ》い！

2015年 1月20日 第1刷

著　者　童《どう》門《もん》冬《ふゆ》二《じ》
発行者　小澤源太郎
責任編集　株式会社プライム涌光
発行所　株式会社青春出版社

〒162-0056　東京都新宿区若松町 12-1
電話 03-3203-2850（編集部）
03-3207-1916（営業部）
振替番号　00190-7-98602

印刷／共同印刷
製本／フォーネット社
ISBN 978-4-413-09612-6